U0362127

《史记》连词系统研究

李艳 著

南开大学出版社

天 津

图书在版编目(CIP)数据

《史记》连词系统研究 / 李艳著. —天津：南开
大学出版社，2017.6
ISBN 978-7-310-05298-1

Ⅰ.①史… Ⅱ.①李… Ⅲ.①《史记》－连词－研究
Ⅳ.①H141②K204.2

中国版本图书馆 CIP 数据核字(2016)第 315925 号

南开大学出版社出版发行
出版人:刘立松
地址:天津市南开区卫津路 94 号　　邮政编码:300071
营销部电话:(022)23508339　23500755
营销部传真:(022)23508542　　邮购部电话:(022)23502200
*
昌黎县佳印刷有限责任公司印刷
全国各地新华书店经销
*
2017 年 6 月第 1 版　　2017 年 6 月第 1 次印刷
210×148 毫米　32 开本　8.125 印张　1 插页　217 千字
定价:32.00 元

如遇图书印装质量问题,请与本社营销部联系调换,电话:(022)23507125

序

　　《〈史记〉连词系统研究》是李艳博士在她的博士论文基础上修订而成的。

　　《史记》具有较高的语料价值，李艳博士的著作对《史记》所见连词进行了穷尽性的考察，将其划分为十二大类，分别进行了详尽的描写与有益的解释。该著以共时与历时相结合、定量与定性相结合的方式，对《史记》连词的基本面貌做了准确的描述，对相关变化及动因做了令人信服的论述；特别是该著在每类下以个案为序，对各连词进行了穷尽性的数量调查，列举分析了各连词的语法功能，对主要连词进行了溯源追踪，探讨了主要连词的语法化过程，并对连词演变的机制和规律进行了切合实际的归纳，对重要复音连词的构成理据进行了尝试性探讨；同时在一些章节参照上古、中古文献材料，将《史记》连词的应用情况与《左传》及其他先秦典籍中连词的应用情况进行了一些比较，对个别连词少见的原因进行了说明，所得结论多切实可信。该著全面描写了封闭材料中的单音和复音连词，用定量定性的方法揭示了《史记》连词全貌，在此基础上对连词语法化的过程和动因进行探讨，一定程度上揭示了连词的演变规律，对汉语连词的演变历时的研究具有参考价值；对一些因连用而形成的复音连词的描写与定性、某些连词虚化过程的考察，都具有一定的启发意义。

　　该著也还存在一些问题，如在现代语言学理论运用上略显不足，相关解释上有进一步深入的余地，个别连词的归属及判定证据不足，特别是一些复音连词的判定尚需谨慎，所定判断数字间连词"有"有无的原因等均有商榷之余地。

　　李艳博士厚道、踏实，孜孜于学；现任教于高校，从事自己喜欢的专业，令人欣慰。我相信，凭其扎实的专业基础与自己的勤奋，假以时日，一定会取得可观的成绩。

徐正考

2017 年 5 月 8 日

于吉林大学

前　言

　　连词是连接两个或两个以上词、词组、分句、句子、句群的虚词。连词只有连接作用，表示特定的句法关系和逻辑关系，不能成为句子成分或句子成分中实质性结构部分。西汉是上古汉语向中古汉语过渡的一个时期，也是语言演变比较显著的一个时期。《史记》作为成熟的书面语著作，在一定程度上能够反映西汉时期的语言特色，其中使用了大量连词。这些连词，有些是对先秦连词的继承，有些是《史记》中新产生的，如复音递进连词"且又""况乃""而况乎"，复音假设连词"诚使""诚令"等，对研究西汉以及先秦的语言具有较大的价值。研究《史记》中的连词不仅对上古汉语断代研究有重要的意义，对汉语史研究也在一定程度上起着积极的作用。

　　本书以《史记》为研究对象，将《史记》作为主要的语料来源，并加以少量的先秦汉语、中古汉语等文献资料，以并列、顺承、选择、递进、假设、让步、转折、原因、结果、目的、修饰、提起 12 类连词为具体切入点，在定量考察、定性分析的基础上，对连词的语法特点进行总体概述和描写，对《史记》中的全部连词做穷尽性的研究。并且以此为基础，对连词进行历时考察，将共时描写与历时分析相结合，总结相关连词的语法化过程，并对连词演变的机制和规律进行初步归纳。

　　本书首次比较全面地对《史记》中的连词进行归纳总结，探讨连词语法化过程和动因。经考察发现，虚化是连词的主要来源，如"与""及""而"等；除此之外，同义连用、同音假借也是连词的重要来源。

　　本书共分为 14 章。

第一章，绪论，归纳前辈时贤对连词定义的侧重点和分类的标准，确定在本书中连词的定义及分类。讨论连词与介词、副词的界定标准。归纳《史记》的语料价值及相关研究成果。确定本研究的研究目的、范围、理论依据和研究方法。对《史记》中出现的连词进行分类列表。

第二章，并列连词，总结并列连词研究的基本情况，描写《史记》并列连词的基本面貌。"与""及""而""以""且""有""若"是主要的几个并列连词，出现频率较高。"惟"并列连词用法1例，"暨"并列连词用法1例，"臮"并列连词用法1例，"则"并列连词用法2例，"如"并列连词用法2例。"又"作为并列连词，与"既"配合，组成"既……又……"的格式；"维"作为并列连词，由"非""既"组成"非……维……""既……维……"的格式；"亦"组成"亦……亦……"的格式表示并列。分析主要的几个并列连词的语法化过程。

第三章，顺承连词，总结顺承连词研究的基本情况。《史记》中出现的顺承连词有29个，主要的有"而""以""若""如""则""而后""于是""遂""乃""乃遂""故""因""因而""然后""以至""以至于""已而""即""然则"。总结"于是"的语法化过程。

第四章，选择连词，总结选择连词研究的基本情况。《史记》中出现的选择连词主要有"或""若""如"。"意者"作为选择连词出现1例，"且"作为选择连词出现1例，"将"作为选择连词出现1例，"与"作为选择连词出现2例。"或"组成"或……或……"的格式表示选择，"宁"组成"宁……不……""宁……无……""与……宁……""宁……安……"等格式表示选择关系。此外，还有"与……宁……""与其……宁……""与其……不如……""与其……岂若……"等形式。总结"与其"作为选择连词产生的原因。"X与不X"格式，通过"与"前后项相反互补关系表示选择其一；"则"作为选择连词，组成"非（不）……则……"的格式，表示"不是……就是……"的意义。

第五章，递进连词，总结递进连词研究的基本情况。《史记》中的递进连词，比较常见的有"而""况""且"等。"而""况""且"又与其他成分凝固成为双音或三音递进连词，形成"而"类递进连词、"况"类递进连词、"且"类递进连词。

第六章，假设连词，归纳研究假设连词的相关论文。《史记》中主要的假设连词有"若""若……则……""如""有如""如有""如其""苟""即""诚""诚使""诚令""使""借（藉）使""向（乡）使""假使""设""假令""果""向令""弟令""如令""厥""若使""尚""忽然"。对比《史记》中的复音假设连词与中古时期出现的假设连词的数量情况。

第七章，让步连词，归纳让步连词研究的相关论文。《史记》中使用的让步连词主要有"纵""即""虽""犹""尚犹"等。总体看来，《史记》中的让步连词使用量不大。

第八章，转折连词，回顾转折连词研究的相关论文。《史记》中的转折连词有"而""乃""然""然而""则""即""顾弟"。分析复音转折连词"然而"的演变过程。

第九章，原因连词，总结原因连词研究的基本成果。《史记》中原因连词有"以""为""则""由"。将《史记》中的原因连词与西汉其他文献做对比，得出"以"是此期最主要的原因连词的结论。

第十章，结果连词，总结结果连词研究的基本情况。《史记》中主要的结果连词有"而""则""以""是以""以故""以此""所以""故""是故""乃""用""用是""因""因而""由是""由此""是以""然则"等。可以归为"以"类、"故"类、"用"类、"因"类、"由"类结果连词。

第十一章，目的连词，总结目的连词研究的基本情况。《史记》中的目的连词有"以""而""用"。目的连词"以"的使用量占有绝对优势。

第十二章，修饰连词，提出修饰连词的判定标准。修饰连词可以分为两类：一类连接两个动词性词语；一类连接状语和中心语。主要的修饰连词是"而"和"以"。

第十三章，提起连词，总结提起连词研究的基本情况。《史记》中主要的提起连词有"若""且""至"。"若"可以构成"若夫""至若""若至""若乃""及若"等"若"类复音提起连词。"且""至"联合其他成分形成"且"类、"至"类复音提起连词。

第十四章，结语，对《史记》连词系统进行分类总结。

考察《史记》连词系统，可以得出以下结论。

1. 汉语的连词系统在西汉时期已经基本形成。从先秦到两汉，并列、顺承、选择、递进、假设、让步、转折、原因、结果、目的、修饰、提起共12类连词都已产生，这种使用情况一直延续到现代汉语。

2.《史记》连词系统由单音连词、复音连词共同构成。单音连词凝固为双音连词，并由双音连词加词缀构成三音连词。《史记》复音连词占有一定比例，与单音连词数量相当。

3. 存在连词兼类现象，有些连词兼有六七种连接功能。如："而"可以用作并列、顺承、递进、转折、结果、目的、修饰等类连词；"以"可以用作并列、顺承、原因、结果、目的、修饰等类连词；"若"可以用作并列、顺承、选择、假设、让步、提起等类连词；"则"可以用作顺承、转折、原因、结果等类连词。兼类情况过多，导致理解连词功能时必须依靠上下文语境。兼类连词大多是单音连词，解决连词兼类问题的办法，是兼类连词由单音向双音或三音扩展，通过增加音节来区别功能。

4. 有两例连词通假现象。受先秦通假现象影响，复音假设连词"乡使""向使"中的"乡"和"向"，以及"藉使""借使"中的"藉"和"借"通假。

5. 大多数连词类型中都有比较稳定的连词。如并列连词"与""及""而"，顺承连词"乃"，选择连词"或……或……"，递进连词"况"，假设连词"若""即"，让步连词"虽"，转折连词"而""然"，结果连词"则"，目的连词"以"等。

目　录

第一章 绪论

一、连词的定义和分类

（一）连词的定义

马建忠在《马氏文通·正名卷》[1]中提出："凡虚字用以为提承展转字句者，统曰连字。"这也是我们能够查到的中国语法学者对连词的最早定义。这里马建忠提出了连字是连接字句的，也是为了和介字相区别，他提出："凡虚字以联实字相关之义者，曰介字。"[2]连字和介字在马氏看来，有连接字句和实字之分。而且，在马建忠的《马氏文通·虚字卷·介字·与字之用》[3]中，把"与"放在介字之内，"凡以联名代诸字之平列者"，其下举例既有"与"作为介词的用法，也有作为连词的用法。马氏对于连词、介词的区分主要依据的是虚字在句读中的位置，与我们今天理解的连词是有很大不同的。

黎锦熙在《新著国语文法》[4]中这样给连词下定义："是用来连结词与词、语与语、句与句、节与节，以表示它们互相联络的关系的。"他把连词列入"关系词"的大类之下，在"关系词"中，除了连词外，也包括介词。在列举的连词中也包括一些副词。

---

[1] 马建忠. 马氏文通. 商务印书馆，1983 年.
[2] 马建忠. 马氏文通. 商务印书馆，1983 年.
[3] 马建忠. 马氏文通. 商务印书馆，1983 年.
[4] 黎锦熙. 新著国语文法. 商务印书馆，2000 年.

王力在《汉语史稿》[1]中指出："在汉语里，介词和连词的界限不是十分清楚的。我们给它们一个总名，叫做联结词。"

邢福义在《汉语语法三百问》[2]中说："连词是在语法结构中起连结作用的词。这是另一类非成分词。主要语法特点有二：（1）连词只有连结作用，不能成为句子成分。所谓'连结'，既有连接的意思，也有组结的意思。即把两个或几个语法单位连接起来，使它们组结成为一个更大的语法单位。（2）连词起码具有双向性。在句法结构中，连词总要关涉到两个或几个语法单位。因此，只要有连词出现，不管是单个儿使用，还是配对照应使用，都一定有它所关涉到的两个或几个单位出现。如果关涉到两个单位，便是双向的；如果关涉到三个或更多的单位，便是多向的。"邢福义将连词的语法特征归纳为两点：①连词只具有连接作用，不能成为句子成分中实质性的结构部分。②连词具有双向性。邢福义对连词的定义一方面明确了连词的作用，另一方面也在某种程度上区别了连词和介词。

综合以上论述，从语法功能和语义关系两个方面给出连词的定义：连词是连接两个或两个以上语言单位的虚词。连词连接的语言单位可以是词、词组、分句、句子、句群。连词只有连接作用，表示特定的句法关系和逻辑关系，不能成为句子成分或句子成分中实质性部分。

（二）连词的分类

连词的分类方法较多，总结前辈时贤的观点，大致可以归纳为以下几种情况。

1. 按照意义标准对连词进行分类

马建忠在《马氏文通·虚字卷·提起连字》[3]中提出："故连字

---

[1] 王力. 汉语史稿. 中华书局，2001年.

[2] 邢福义. 汉语语法三百问. 商务印书馆，2004年.

[3] 马建忠. 马氏文通. 商务印书馆，1983年.

界说，明分四宗：曰提起，曰承接，曰转捩，曰推展。"这种分类方法也与马氏的"凡虚字用以提承推转字句者，曰连字"一致。《马氏文通》对连字的区分主要是依据传统词章学起承转合的结构关系。[1]

黎锦熙在《新著国语文法》[2]中把复句分为等立复句和主从复句两个大类。在等立复句中又分为四类，这四类复句以并列连词、选择连词、承接连词、转折连词为标志；在主从复句中又分为六类，分别以时间连词、因果连词、假设连词、范围连词、让步连词、比较连词为标志。这样，黎锦熙实际上把连词分为两大类，共计十小类。

杨树达在《高等国文法》[3]中把连词分为等立连词、选择连词、陪从连词、承递连词、转捩连词、提挈连词、推拓连词、假设连词、比况连词，共九类。

2. 按照形式标准对连词进行分类[4]

吕叔湘[5]根据连词在句中的使用情况，将连词分为三类：既可以合用又可以单用的，如"虽然……但是……""因为……所以……"等；可以合用也可以单用后一个的，如"不但……而且……""既然……就……"；一般要合用的，如"越……越……""一边……一边……"等。

史有为[6]根据连词靠近被连两部分中哪一部分为标准，把连词分为前段连词、后段连词和前后段连词三类。再以连词具体位置为标准，把连词分为五种：主语前连词、主语后连词、主语前后连词、并列词语前连词、并列词语后连词。

[1] 陈月明.《马氏文通》虚字学说中的几个问题//侯精一，施关淦.《马氏文通》与汉语语法学——《马氏文通》出版百年（1898—1998）纪念文集. 商务印书馆，2000 年.

[2] 黎锦熙. 新著国语文法. 商务印书馆，2000 年.

[3] 杨树达. 高等国文法. 商务印书馆，1984 年.

[4] 张莹. 近代汉语并列关系连词研究. 山东大学学位论文，2010 年.

[5] 吕叔湘. 现代汉语八百词. 商务印书馆，2004 年.

[6] 史有为. 汉语连词的功能、界限和位置. 中央民族学院学报（语言文学增刊），1986 年第 3 辑.

张宝林[1]根据连接的语言单位的不同，把连词分为连接词与词组的连词，如"和、同、与、跟"等；连接分句与句子的连词，如"与其、不如、于是、要不"等。

3. 按照形式和意义相结合的标准分类

陆俭明[2]认为现代汉语中的连词，总共有 120 个左右，常用的有 90 个左右。一般按意义将连词分为两大类，表示联合关系的连词（如"和、或、还是、与其、宁可、不但、而且"等）和表示主从关系的连词（如"虽然、但是、即使、因为、所以、如果"等）。表示主从关系的连词，常用的有 60 个左右，约占常用连词的三分之二。按意义可分为七组：①表示让步转折关系；②表示假设让步转折关系；③表示假设结果关系；④表示条件结果关系；⑤表示推论结果关系；⑥表示因果关系；⑦表示目的关系。又根据它们在复句中所处的位置，分为前置和后置连词两类。

胡裕树[3]根据连词所连接的成分和表示的关系，把连词分为四种：①连接词或词组表示联合关系；②连接词或词组表示偏正关系；③连接分句表示联合关系；④连接分句表示偏正关系。

邢福义在《汉语语法三百问》[4]中提出："着眼于连结单位的不同，连词大体可以分为两类：（1）词语连词——在词语与词语之间起连结作用。（2）句间连词——在句与句之间起连结作用。""复句有三大类，共包括十二个基本类别。即：1. 因果类复句。（1）因果句；（2）推断句；（3）假设句；（4）条件句；（5）目的句。2. 并列类复句。（6）并列句；（7）连贯句；（8）递进句；（9）选择句。3. 转折类复句。（10）突转句；（11）让步句；（12）假设句。复句的各个

[1] 张宝林. 关联副词的范围及其与连词的区分//胡明扬. 词类问题考察. 北京语言学院出版社，1996 年.

[2] 陆俭明. 汉语中表示主从关系的连词//陆俭明，马真. 现代汉语虚词散论. 北京大学出版社，1985 年.

[3] 胡裕树. 现代汉语（重订本）. 上海教育出版社，1995 年.

[4] 邢福义. 汉语语法三百问. 商务印书馆，2004 年.

基本类别，都有特定的复句关系词语作为形式标志。"[1]

张玉金的《古代汉语语法学》[2]对连词的分类采用两种方法，一是根据所连接的语言成分的性质来分，可分为词语连词、句间连词；二是根据所表达的关系分，可分为并列连词、顺承连词、转折连词、选择连词、结果连词、目的连词、修饰连词、递进连词、让步连词、假设连词、原因连词、结果连词。

席嘉的《近代汉语连词》[3]将连词分为并列、承接、选择、递进、条件、假设、让步、转折、因果、目的十类。

20世纪50年代以来，很多学者对连词的研究都注重考察连词的分布情况，结合连词的相关组合关系，划分出一系列类型。他们除了考察连词的语法意义外，还注意到了是词语连词还是句间连词、连词出现在前一分句还是后一分句、连词出现在主语前还是主语后、连词是独立使用还是配合使用等。

我们借鉴前辈时贤对连词分类的讨论，采用以下连词分类标准。

1）根据连词所表示的被连接成分之间的逻辑关系即语法意义进行分类，将《史记》中的连词分为并列、选择、顺承、递进、假设、让步、转折、原因、结果、修饰、目的、提起十二类。连词是连接词语还是复句不作为分类标准，但在进行考察和描写时会给予说明。

2）每一个小类可根据具体的逻辑关系或语法意义的差异分成若干小类，如修饰连词可分为：①连接两个动词性词语；②连接状语及中心词。结果连词可分为：①表示某种原因带来的结果连词；②表示假设实现后所产生的结果连词；③表示在满足条件的情况下所产生的结果连词；④表示某种动作行为或性质状态所导致的结果连词。

---

[1] 邢福义. 汉语语法三百问. 商务印书馆，2004年.

[2] 张玉金. 古代汉语语法学. 广东高等教育出版社，2010年.

[3] 席嘉. 近代汉语连词. 中国社会科学出版社，2010年.

（三）连词与介词、副词的区别

1. 连词与介词的区别

关于连词和介词的区别，很多学者做过探讨。

《马氏文通》中，连词与介词的界限是含混不清的。马建忠根据连接实字还是连接句读来区分介字和连字，所以《马氏文通》把联结名、代字的"与""及"都归入了介字。《马氏文通》又把"而""则""以"归入连字，之所以把"而""则""以"归入连字，是因为马氏把这些字连接的两端看作是句读，而不是实字，根据对介字、连字的判断标准，才把"而""则""以"确定为连字。虽然结论似乎与我们今天确定的连词一致，但马氏的标准、原则与今天的确定标准及原则不同。

黎锦熙在《新著国语文法》中把国语的词类分为九种，其中，把介词和连词统称为"关系词"。虽然在后面也明确了介词和连词的定义，但从大类来说，连词和介词的关系确实是很密切的。

邢福义在《汉语语法三百问》[1]中指出："一个同形单位，可能分属连词和介词。连词和介词有不同的句法表现。如果是介词，前边可以出现副词等状语性成分。如果是词语连词，组合单位后边可以出现总括副词'都'。有时情况两可，到底是介词还是连词，需要结合语境来判别。""句间连词和介词，有不同的语义关系。要言之，句间连词表示'句'与'句'之间的关系，而介词却只是表示'句内'关系。"[2]

连词是起连接作用的虚词，可以连接词、词组、句子，从而把不同的语言单位组合在一起。其语法特点是只起到连接作用，不能充当句子成分，在很多情况下，如果把连词去掉，句子的整体意思并不受影响。

---

[1] 邢福义. 汉语语法三百问. 商务印书馆，2004年.

[2] 邢福义. 汉语语法三百问. 商务印书馆，2004年.

介词一般用在名词、代词前面，跟它们组成介宾结构，表示时间、处所、对象、方式、工具、范围等。其语法特点是起到引介的作用。介词也不能充当句子成分，如果把介词去掉，句子的逻辑关系就会受到影响，这是连词和介词最大的区别。

在大多数情况下，连词和介词之间还是比较容易区分的。连词和介词的纠葛，主要体现在并列连词与伴随介词之间的区分上。

以往的学者从逻辑、句法、语义、语用等角度提出过化解并列连词和伴随介词纠葛的办法，例如"对调法""插入法""删减法"等。[1]

本书区分并列连词和伴随介词，主要看句子中的动词。并列连词连接的前后项，可以各自与动词组合，且语义通顺；而伴随介词所接近的前后项，如果与动词组合，则文义不通。除此以外，还要根据上下文来疏通文义，确定并列连词和伴随介词。我们举《史记》中"与"的例子来分析，如：

（1）舜既入深，瞽叟与象共下土实井，舜从匿空出，去。（五帝本纪）

（2）秦始皇帝游会稽，渡浙江，梁与籍俱观。（项羽本纪）

（3）今我其即命于元龟，尔之许我，我以其璧与圭归，以俟尔命。（鲁周公世家）

（4）后十三岁，魏与赵攻韩，韩告急于齐。（孙子吴起列传）

（5）夫以楚之强与王之贤，天下莫能当也。（苏秦列传）

（6）汤掘窟得盗鼠及余肉，劾鼠掠治，传爰书，讯鞫论报，并取鼠与肉，具狱磔堂下。（酷吏列传）

以上句中的"与"用作并列连词。（1）句可以理解为"瞽叟""下土实井"，"象""下土实井"。（2）句可以理解为"项梁""观"，

[1] 刘爱菊. 汉语并列连词与伴随介词共时纠葛的历时分化. 南开语言学刊，2006年第1期.

"项籍""观"。(3)句可以理解为"以其璧""归","以其圭""归"。(4)句可以理解为"魏""攻韩","赵""攻韩"。(5)句可理解为"以楚之强""以王之贤"。(6)句可理解为"取鼠""取肉"。"与"连接的前后项可以分别与动词或介词进行联合而不影响语义,这种情况下,"与"是并列连词。

再如下面的例子:

(7)九年,晋定公与吴王夫差盟,争长于黄池,卒先吴。(秦本纪)

(8)项羽晨朝上将军宋义,即其帐中斩宋义头,出令军中曰:"宋义与齐谋反楚,楚王阴令羽诛之。"(项羽本纪)

(9)自得宝鼎,上与公卿诸生议封禅。(孝武本纪)

(10)初,楚边邑卑梁氏之处女与吴边邑之女争桑,二女家怒相灭,两国边邑长闻之,怒而相攻,灭吴之边邑。(吴太伯世家)

(11)齐宣王与魏襄王会徐州而相王也。(孟尝君列传)

(12)荆轲游于邯郸,鲁句践与荆轲博,争道,鲁句践怒而叱之,荆轲嘿而逃去,遂不复会。(刺客列传)

(7)~(12)中"与"后的动词是"盟""谋""议""争""会""博"对称性动词,这种对称性要求动词之前的主体是两方或两方以上,单方是不能够完成动词的语义的,不可说"晋定公盟""吴王夫差盟",只能说"晋定公"和"吴王夫差""盟"。这种情况下,"与"连接的前后项不能分别与动词联合,所以,"与"不是并列连词而是伴随介词。

2. 连词与关联副词的区别

连词在句子中起连接或关联作用,关联副词在句子中也可以起关联作用,而且一些连词本身就来源于副词,自身也保留了副词的一些基本语义特征。

对于连词与关联副词的界定标准,有以下几种主要观点。

1）赵元任[1]认为，如果表示句和句关系的词的位置不能处在主语之后，必须在主语之前，那么这个词就是连词。

2）吕叔湘[2]提出，可以出现在主语前，也可以出现在主语之后的是连词。

3）李泉[3]提出，副词起修饰作用，连词起连接作用，所以副词修饰的对象是单一的，连词则连接两个或多个对象；副词主要是修饰动词，连词不限于修饰动词。

4）邢福义[4]提出："一个同形单位，可能分属连词和副词。区别在于：具有双向性，能表明两个语法单位之间的关系的，是连词；只具有单向性，能单独充当状语的，是副词。""关联副词是副词的特殊类型。复句中，关联副词在作用上跟连词近似，也可以认为是'准连词'。连词和关联副词的不同之处在于：连词可以出现在某分句的主语前面，关联副词则不能。"[5]

分析各家观点，被考察词与主语的前后位置是判定的标准。

以下通过"乃""遂""于是"来举例说明我们的观点。

（13）长子太伯、虞仲知古公欲立季历以传昌，乃二人亡如荆蛮，文身断发，以让季历。（周本纪）

（14）景公惭，乃归鲁侵地以谢，而罢去。（齐太公世家）

（15）曲沃庄伯闻晋鄂侯卒，乃兴兵伐晋。（晋世家）

（16）高祖乃谢曰："诚如父言，不敢忘德。"（高祖本纪）

（17）苏秦乃诫门下人不为通，又使不得去者数日。（张仪列传）

（18）陈馀击走常山王张耳，耳归汉，汉乃以张苍为常山守。（张

[1] 赵元任. 汉语口语语法. 商务印书馆，2001 年.

[2] 吕叔湘. 汉语语法分析问题. 商务印书馆，1979 年.

[3] 李泉. 副词和副词的再分类//胡明扬. 词类问题考察. 北京语言学院出版社，1996年.

[4] 邢福义. 汉语语法三百问. 商务印书馆，2004 年.

[5] 邢福义. 汉语语法三百问. 商务印书馆，2004 年.

丞相列传）

（13）中的"乃"处在"二人"之前，根据前后文也可以确定是顺承连词。（14）（15）中"乃"后为动词，而且即使补出主语，似乎也要补在"乃"之前比较合适，"（景公）乃归"或"庄伯乃兴兵"，这样看来，通过出现在主语前后来判断连词或关联副词似乎是说不通的。（16）～（18）中"乃"处在主语之后，是关联副词。

通过连词或关联副词与主语的位置关系来判定连词与关联副词的办法，虽然比较好辨识、易操作，但没有普遍性、适用性。本书中把（13）～（15）中的"乃"都认定为顺承连词，（16）～（18）中的"乃"认定为副词。

又如"遂"，"遂"用作副词时，表示"最终""最后"；用作连词时，表示"于是"，是顺承关系。这种情况下，语义区分很明显，所以不必拘泥于"遂"处在主语的前后位置来判断是关联副词还是顺承连词，如：

（19）乃遵文王，遂率戎车三百乘，虎贲三千人，甲士四万五千人，以东伐纣。（周本纪）

（20）乐毅知燕惠王之不善代之，畏诛，遂西降赵。（乐毅列传）

（21）荆轲遂见太子，言田光已死，致光之言。（刺客列传）

（22）楚尝与秦构难，战于汉中，楚人不胜，列侯执珪死者七十余人，遂亡汉中。（张仪列传）

（23）长平大败，遂围邯郸，为天下笑。（平原君虞卿列传）

（24）后九年，越王勾践遂灭吴，杀王夫差；而诛太宰嚭，以不忠于其君，而外受重赂，与己比周也。（伍子胥列传）

（19）（20）（22）（23）中"遂"的前后都未出现主语，如果遵从上文补出主语，似乎在"遂"前更为合适，但如果这样操作，那么"遂"便都用作副词，无连词的用法，与语言实际不符。我们认为，（19）～（21）中，"遂"连接成分后表示"于是""就"的语义，

（22）～（24）中，“遂”表示“最终”“终于”的语义。从语义关系上，确定前者为顺承连词，后者为关联副词。

再如“于是”，“于是”有两种用法：一种表示词组，是“在此时”“在这时”的意思；一种是与现代汉语“于是”语法相符的顺承连词。如：

（25）舜登用，摄行天子之政，巡狩。行视鲧之治水无状，乃殛鲧于羽山以死。天下皆以舜之诛为是。于是舜举鲧子禹，而使续鲧之业。（夏本纪）

（26）道雒自熊耳，东北会于涧、瀍，又东会于伊，东北入于河。于是九州攸同，四奥既居，九山栞旅，九川涤原，九泽既陂，四海会同。（夏本纪）

（27）好酒淫乐，嬖于妇人。爱妲己，妲己之言是从。于是使师涓作新淫声，北里之舞，靡靡之乐。（殷本纪）

（28）诸侯相侵伐，暴虐百姓，而神农氏弗能征。于是轩辕乃习用干戈，以征不享，诸侯咸来宾从。（五帝本纪）

（29）蚩尤作乱，不用帝命。于是黄帝乃征师诸侯，与蚩尤战于涿鹿之野，遂禽杀蚩尤。（五帝本纪）

（30）舜宾于四门，乃流四凶族，迁于四裔，以御螭魅，于是四门辟，言毋凶人也。（五帝本纪）

（25）～（27）中的“于是”，是词组的用法；（28）～（30）中的“于是”，是顺承连词的用法。但如果只是从单个句子来看，是区分不开的，需要借助于上下文来理解。

通过以上举例可知，连词与关联副词的区别如果仅依靠被考察词在句中与主语的位置来判断，未免过于牵强，除了依靠一定的句法结构外，还要考虑连词本身的特点及其具有的关联关系。之所以造成这种不易区分的情况，是因为连词和关联副词在历时的发展过程中存在着渊源。副词向连词的转化，正是因为副词在句中具有的功能消失，而虚化之后的连词又只具备连词的连结功能，所以有时会出现某些词语的词性不好辨别的情况。这样，就更需要依靠语篇或具体的语境来理解词性，而不是仅仅依靠所考察词语在句中与主语所处的位置。"没有语义的可能性，这种转化是不可能的，但是，语义的可能性只有在结构的制约、调节下，才能变为现实"[1]。

二、《史记》的语料价值及相关研究成果

（一）《史记》的语料价值

徐正考[2]提出，有语料价值的专书应具备几个条件：①成书年代确定；②能够反映或至少接近当时通行的口语，且今天能保持其本来面目；③有较大的词汇容量；④内容涉及面广。参照以上观点，我们认为《史记》具有较高的语料价值。

1.《史记》的作者是司马谈、司马迁父子。司马谈生年不详，卒于武帝元封元年（前 110 年）。司马迁生于汉景帝中元五年（前145 年），卒于汉昭帝之初（前 86 年左右）[3]。《史记》的写作从元封三年（前 108 年）司马迁为太史令始，太始四年（前 93 年）定稿，父子两代历时三四十年完成。这些结论的得出主要依据了《史记·太史公自序》和《汉书·司马迁传》，因此，《史记》的成书年代是无疑的。

2. 班固《汉书·司马迁传》："网罗天下放失旧闻，王迹所兴，原始察终，见盛观衰，论考之行事，略三代，录秦、汉，上记轩辕，下至于兹。"[4]《史记》中，既有司马迁收集前代的旧闻，又有采录

---

[1] 段德森. 副词转化为连词浅说. 古汉语研究, 1991 年第 1 期.

[2] 徐正考.《论衡》同义词研究. 中国社会科学出版社, 2004 年.

[3] 赵生群. 司马迁生年考辨//赵生群.《史记》文献学丛稿. 江苏古籍出版社, 2001 年.

[4] 班固. 汉书·司马迁传. 中华书局, 1962 年.

当代当事人或他人的口述资料，"其言秦、汉，详矣"[1]。对《史记》进行语料考察时，如果避开司马迁所引先秦文献的原句，而偏向于司马迁的论述及语言对话，《史记》的语料价值是相当大的。

《史记》是一本史书，优势在于不会使用过度的辞藻进行堆砌或仿古，而是用简洁客观的语言进行叙述，所以班固说："然自刘向、扬雄博极群书，皆称迁有良史之材，服其善序事理，辨而不华，质而不俚，其文直，其事核，不虚美，不隐恶，故谓之实录。"[2]《史记》的这种语言特点，也为我们以《史记》为语料研究西汉语言提供了更有利的材料。

3. 司马迁说："凡百三十篇，五十二万六千五百字，为太史公书。"我们考察《史记》之前的文献，还没有这么大文字量的作品问世，所以以《史记》为考察对象进行研究是合适的。

4.《史记》由十二本纪、十表、八书、三十世家、七十列传，共一百三十篇构成。"亦其涉猎者广博，贯穿经传，驰骋古今，上下数千载间，斯以勤矣。又，其是非颇缪于圣人，论大道而先黄、老而后六经，序游侠则退处士而进奸雄，述货殖则崇势利而羞贱贫，此其所蔽也。"[3]

通过以上四个方面的分析，可以看出，《史记》对于研究西汉语言是有较高语料价值的。另外，对于司马迁行文中出现的征引先秦文献的句子，我们在考察时不计在内。

（二）《史记》语言研究成果及西汉连词研究成果

对《史记》的语言研究主要涉及以下几个主题：一是从文献比较角度，对《史记》和相关文献进行描写和解释。如：汤勤（2006）通过对比认定《史记》的源文献不是《战国策》，《短长说》（长短纵横之术）是《史记》和《战国策》的共同文献来源；田俊杰（2011）

[1] 班固. 汉书·司马迁传. 中华书局，1962 年.
[2] 班固. 汉书·司马迁传. 中华书局，1962 年.
[3] 班固. 汉书·司马迁传. 中华书局，1962 年.

对《汉书》省略的《史记》中的虚词进行比较分析，对《史记》和《汉书》中运用不同的两个虚词进行比较分析等。二是从词类、句式方面进行共时或历时的研究。如：王其和（2002）对《史记》同义连用现象以共时的视角进行分析研究，总结同义连用的特点；陈经卫（2010）考察《史记》中"所"字的词性、"所"字结构类型和句法功能；魏兆惠（2005）描写《史记》等四部文献的连动式，观察上古以来连动式的发展变化，并做出解释；史冬青（2008）以《史记》为先秦主要的调查语料，梳理方所介词的形成及演变脉络；王彤伟（2004）探讨了"疾—病、根—本、首—头、启—开、焚—烧、纤—细、盈—满"这 7 组同义常用词在《史记》及先秦两汉文献中的使用情况；樊虹（2011）归纳了《史记》中单音节反义词的判断条件，并以此为依据，统计出《史记》中的单音节反义词；吴云鹏（2010）对《史记》中的熟语进行总体关照；郝晓辑（2011）统计出《史记》中的成语 568 条，并结合实例进行分析阐释。

西汉连词研究成果主要体现在专书连词研究上。如：赵琴（2010）对《淮南子》中的连词展开全面的分析研究，从中得到了 115 个连词，出现了新连词 2 个——转折连词"顾反"、假设连词"有如"。已有连词产生了新用法："有"表示选择关系；"其"表示因果关系；"固""所"表示条件关系。李爱红（2006）以词类为纲，对《盐铁论》中的虚词进行了全面描写。《盐铁论》中共有虚词 112 个，其中连词最多，共 50 个。黎路遐（2006）对《新书》中包括连词在内的四类虚词进行了分析统计，连词共有 64 个，并与部分先秦文献及《史记》的同类虚词进行了比较，探讨其在西汉初年的发展。李治军（2011）从语义方面和词性方面对《淮南子》中联合式复音词的构成进行了分析，并按名词、动词、形容词、副词、连词、数词进行分类统计研究。孙东宁（2012）以《史记》纪、世家、书、表为例，检索到连词 105 个，并与现代汉语连词系统进行了对比。[1]

---

[1] 其他相关研究成果在分章中进行概括。

三、本书的研究目的、范围、理论依据和研究方法

（一）研究目的

汉语虚词的研究历来是汉语、语法研究的热门之一。连词是汉语虚词中的一个大类，其产生和发展又有着自身的特点。但是汉语连词的研究，尤其是专书类连词研究，至今未发现有专门的论文或专著，这是虚词研究中比较薄弱的一个方面。虽然有对《史记》部分篇章连词的研究[1]，但对《史记》连词做全面、系统的研究我们迄今还未见到。本书尝试对《史记》中出现的所有连词进行全面、细致、穷尽性的分类，对其使用情况做比较系统、全面的描写，对相关连词历时演变过程中的有关问题进行力所能及的解释和整理，并在专书研究的基础上探讨这个时期汉语连词的特点。

前文我们已经提到，《史记》具有很高的语料价值，但从以往的研究成果来看，系统、专题谈及《史记》连词问题的论文或著作极少，本书力图对《史记》中的连词进行系统、全面的描写和解释，为今后他人的研究提供一些帮助。

（二）研究范围

对《史记》中出现的连词进行系统、穷尽性描写和解释。

在进行专书研究的同时，也将研究范围相应地延伸。对某些连词的使用情况进行对比说明时，把考察的范围从《史记》扩展到同期的其他作品，或把考察的范围向上延伸至先秦，向下延伸至东汉。

---

[1] 孙东宁.《史记》连词研究. 广西民族大学学位论文，2012 年. 此论文选取的语料是《史记》130 篇中的纪、世家、书、表，共计 60 篇，对于另外 70 篇的列传不在考察范围之内。

（三）理论依据和研究方法

自从《马氏文通》开创连词研究的框架以来，连词的研究大致可分为几大类：①以《国文法草创》《新著国语文法》《中国文法要略》《简明汉语史》为代表的研究，主要是界定连词的标准，并对连词进行分类描写；②以《词诠》《古代汉语虚词通释》《古汉语虚词》等为代表的研究，主要针对所列出的古代汉语的连词，采用描写的方法对其语法功能、语法性质进行细致的描写、分析；③以《中国文法要略》《汉语语法三百问》为代表的研究，则是通过对复句的研究，来定义连词的语法形式，并进行分类；④《从少数民族语言看"而"的虚化演变》《并列连词的语法化轨迹及其普遍性》《〈荀子〉连词的语法化初探》从语法化的角度对连词来源进行研究。[1]

语法化是历史语法学研究范畴。语法化的研究最早可以追溯到我国元代周伯琦的实词虚化说。周伯琦认为"大抵古人制字，皆从事物上起。今之虚字，皆古之实字"[2]。清代袁仁林的《虚字说》在实词虚化研究方面取得了引人注目的成果。语法化（grammaticalization）这一术语，最初是由法国语言学家梅耶（Meillet）在1912年提出来的。在国外，语言学主要从认知的角度建立起语法化理论，用来解释语言结构的形成和演化。一般认为语法化"通常是某个实词或因句法位置、组合功能的变化而造成词义演变，或因词义的变化而引起句法位置、组合功能的改变，最终使之失去原来的词汇意义，在语句中只具有某种语法意义，变成了虚词"[3]。语法化的主体是句法化和形态化，对于汉语而言，句法化（尤其是实词虚化）是主要形式。单向性即语言演变遵循由实词→虚词→附着语素→后缀→零形式的方向，是语法化的重要特点。语法化由内外因

---

[1] 白钰.《荀子》连词的语法化初探. 首都师范大学学位论文，2007 年.

[2] 白钰.《荀子》连词的语法化初探. 首都师范大学学位论文，2007 年.

[3] 刘坚，曹广顺，吴福祥. 论诱发汉语词汇语法化的若干因素. 中国语文，1995年第 3 期.

共同推动。内因主要是语言自身，外因包括认知心理、语言接触等。语法化的机制包括重新分析和类推。演变方式有隐喻和转喻、主观化等。语法化研究包括由实词到虚词的虚化、虚词内部的虚化，以及虚词向附着语素、后缀的虚化。我国传统语言学所谓的"实词虚化"是汉语语法化的重要组成部分，但是"语法化"的含义更广泛，除"实词虚化"，还包括虚词再虚化、虚词向附着语素的虚化等。[1]

　　"虚化的先决条件是一个实词的词义本身"。"考察汉语的发展历史，可知道虚词一般都是由实词衍生而来，词义的演变通常会引起词汇功能的改变，诸如句法位置、组合功能等的改变，最终使其弱化或失去原有的词汇意义，在句中只具有某种限定性意义或语法意义，变成了虚词。这个过程可以称之为'语法化'。这些虚词在句中表达什么意义、充当什么成分、与什么词搭配，都与它的义源词有密切关系。"[2]因此，语义（主要指词汇意义）演变是虚化发生的先决条件和诱因。解惠全提出"实词虚化要以意义为依据，以句法地位的固定为途径"。句法结构是实词虚化发生的语法基础。[3]因此我们对《史记》中的连词，运用语法化理论和方法，结合语义学、认知心理学等学科的理论及研究方法，探讨其语法化的历程。

　　本书选择《史记》作为研究对象，通过对《史记》中出现的连词进行分类描写，从而客观地描绘出这一时期连词的基本面貌，并且试图对《史记》中出现的连词的使用情况做出解释和说明。此外，试图对《史记》中出现的典型连词进行历时考察，分析其语法化的历程，并针对现有资料，对汉语连词的演变、发展规律做简要分析。

　　在研究过程中，主要采用了以下方法。

[1] 白钰.《荀子》连词的语法化初探. 首都师范大学学位论文，2007 年.

[2] 郑桦. 词义引申与实词语法化. 宁夏大学学报（人文社会科学版），2005 年第 1 期.

[3] 白钰.《荀子》连词的语法化初探. 首都师范大学学位论文，2007 年.

1. 采用穷尽考察，定量描写和定性分析相结合的方法

本书研究《史记》中的连词，先找出其中的所有连词，尽量调查每一个连词在《史记》中出现的情况，既做定量描写，也进行定性分析。

陆俭明提出："仅仅根据有限的事实就下结论，这种以偏概全的做法，我们应引以为戒。这也说明在语言研究中应'多做点用例调查'，应当利用统计法。"[1]本书在描写的基础上，统计了相应类别连词的数量、使用情况、构成方式，为研究提供科学的依据。

2. 注重语言的系统性

陆俭明、马真提出："误将本来不是某个虚词的语法意义硬归到那个虚词身上，这应该列为虚词研究中的一大禁忌。因为这样做的结果不仅不能使我们正确地把握虚词的意义，而且也会把某个虚词的本来有内在联系的各种用法人为地割裂开来，而被看作是各不相干的用法。这一来，这个虚词的意义和用法就很难讲清楚了。"[2]

我们在考察《史记》中的连词时，注重连词在所处的语境中的位置，同时也关注连词自身系统的新旧变化与更替。在研究的过程中注意这种相互关系，从中观察《史记》中连词的特点及其使用的规律。

3. 共时与历时相结合

将《史记》中的连词进行分类系统描写，在此基础上讨论这一时期的连词的特点，同时，进行历时的对比分析与考察。在重点考察《史记》的同时，也注重考察同时期及相近时期的其他文献，尤其是与其风格相类似的语料。

---

[1] 陆俭明. 汉语中表示主从关系的连词//陆俭明，马真. 现代汉语虚词散论. 北京大学出版社，1985 年.

[2] 陆俭明，马真. 虚词研究浅论//陆俭明，马真. 现代汉语虚词散论. 北京大学出版社，1985 年.

总之，本书先对各类连词进行具体的量化分析和描写，然后再运用语法化理论和方法，并结合其他语言学理论，分析具体连词的语法化进程及其使用情况的成因。

四、其他问题的说明

对于本书，有以下说明。

1. 《史记》文本以中华书局出版的标点本为底本：汉·司马迁撰，宋·裴骃集解，唐·司马贞索隐，唐·张守节正义。

2. 为了便于描写和说明，对文献名进行简缩：《史记》中 130 篇的标注，只列出篇名，不列出具体排序数字。

3. 为了行文简洁，《史记》之外的文献在举例后注明出处时采用简称：《尚书》简称为《尚》，《诗经》简称为《诗》，《左传》简称为《左》，《谷梁传》简称为《谷》，《论语》简称为《论》，《孟子》简称为《孟》，《荀子》简称为《荀》，《韩非子》简称为《韩》，《说苑》简称为《说》，《淮南子》简称为《淮》，《盐铁论》简称为《盐》，《搜神记》简称为《搜》，《世说新语》简称为《世》，《敦煌变文集》简称为《敦》，《祖堂集》简称为《祖》。

4. 为了叙述方便，采用以下标记符号：V 表示动词，N 表示名词，VP 表示动词性成分，NP 表示名词性成分，X 表示连词连接项。如果一个连词有多种功能，采用语言叙述的方式说明类属，不在连词右下角用数字分类。

5. 本书中例句总体上按《简化字总表》简化，人名、地名依照原文类推简化，容易引起歧义的仍依原文书写。《简化字总表》中没有的生僻字仍按原文书写，不做类推。

五、《史记》连词系统分类列表

表 1.1 《史记》连词使用情况表

连词类别	出现情况	词类	单音连词、复音连词总和	连词大类总和
并列连词	单音	与、及、并、而、非……而……[1]、以、且、且……且……、惟、非……维……、既……维……、暨、曁、既（已）……又……、亦……亦……、有、若	16	19
	复音	与其、及其、以及	3	
顺承连词	单音	而、以、若、如、则、遂、乃、故、因、即	10	31
	复音	而后、后而、已而、而复、而又、而遂、既而、而乃、于是、于是乃、于是遂、于是乎、因遂、乃遂、乃因、故遂、因而、然后、以至、以至于、然则	21*	
选择连词	单音	若、如、与(X 与不 X)[2]、宁……不……、宁……无……、与……宁……、宁……安……、且、将、非……则……、不……则……、或……或……、非……而……、不……而……	14	18
	复音	与其……不如……、与其……岂若……、意者、不……而乃……	4	

---

[1] "非……而……"虽非一个独立的连词，但为体现连词，列入表中。

[2] "X 与不 X"是选择连词"与"表达时的特殊形式，计数时一并算作选择连词"与"。

续表

连词类别 \ 出现情况		词类	单音连词、复音连词总和	连词大类总和
递进连词	单音	而、况、且	3	14
	复音	而又、况乃、又况、又况于、况乎、而况乎、况于、而况于、而况、且又、又且	11	
假设连词	单音	若、如、苟、即、诚、使、设、果、厥、微	10	26
	复音	若非、如非、有如、如有、诚使、诚令、乡（向）使、藉（借）使、假使、假令、向令、弟令、如令、若使、忽然、自非	16	
让步连词	单音	虽、犹、纵、即	4	6
	复音	尚犹、藉弟令	2	
转折连词	单音	而、乃、然、则	4	6
	复音	然而、顾弟	2	
原因连词		以、为、则、由	4	4
结果连词	单音	则、而、以、故、乃、用、因	7	18
	复音	是以、以此、是故、以故、故乃、用是、因而、因此、因以、由是、由此	11	
目的连词		以、而、用	3	3
修饰连词		而、以	2	2
提起连词	单音	若、且、至	3	12
	复音	若夫、至若、若至、若乃、及若、且夫、至于、至夫、至如	9	
总计			159	159

第二章　并列连词

　　并列连词是用于连接具有并列关系的词、词组、分句的一类连词，是古今汉语连词中重要的一类。主要包括与、及、而、以、且等。其内部是一个封闭的类，并且相对于其他类虚词而言，是一个变化不太明显的类。

一、并列连词研究的基本情况

　　关于并列连词，前辈时贤已经做了一些比较深入的研究和探讨，这些研究一是见于汉语语法史专著和虚词词典，其特点是概括性和举例性；二是见于一些专题文章，比较详尽地介绍了某些并列连词的发展演变过程。

　　对于并列连词的研究主要集中在三个方面。

1. 甲骨卜辞及西周文献中并列连词出现的情况

　　学术界多数认为甲骨卜辞中已有并列连词，但具体数量，意见并不一致。管燮初[1]提出甲骨刻辞中已有"又""有""眔""及"等并列连词；向熹[2]列举的并列连词有 9 个；张玉金[3]认为甲骨文中有并列连词 4 个；杨逢彬[4]将《殷墟甲骨刻辞摹释总集》[5]中包含的诸家所认定的连词刻辞全部梳理一遍，认为殷墟甲骨刻辞中不能

[1] 管燮初. 殷墟甲骨刻辞的语法研究. 中国科学院出版社，1953 年.

[2] 向熹. 简明汉语史（下册）. 高等教育出版社，1993 年.

[3] 张玉金. 甲骨文语法学. 学林出版社，2001 年.

[4] 杨逢彬. 试论"暨"的词性//杨逢彬. 沧海一粟——汉语史窥管集. 复旦大学出版社，2007 年.《论殷墟甲骨刻辞中不能肯定存在连词》也出于此书。

[5] 姚孝遂. 殷墟甲骨刻辞摹释总集. 中华书局，1988 年.

肯定存在连词；西周时期，管燮初[1]列举连接句子成分的并列连词有 12 个。

2. 对单个并列连词形成和发展过程的考察

有关并列连词研究的文章，如洪诚（1964）《王力〈汉语史稿〉语法部分商榷》、徐萧斧（1981）《古汉语中的"与"和"及"》、王克仲（1984）《先秦虚词"与"字的调查报告》、周生亚（1989）《并列连词"与、及"用法辨析》、蒋宗许（1990）《〈并列连词"与、及"用法辨析〉质疑》、于江（1996）《近代汉语"和"类虚词的历史考察》、大西克也（1998）《并列连词"及""与"在出土文献中的分布及上古汉语方言语法》、刘坚（1989）《试论"和"字的发展，附论"共"字和"连"字》、曹炜（2003）《近代汉语并列连词"并"的产生、发展及其消亡》等，侧重于对某些并列连词做较为详尽的调查描写和论述，具有很好的参考价值。

3. 对并列连词语法化的考察

这些研究以并列连词的形成和发展为基础，注重探求虚化原因、语法化模式及形成过程中的特点。如吴福祥（2003）《汉语伴随介词语法化的类型学研究——兼论 SVO 型语言中伴随介词的两种演化模式》、马清华（2003）《并列连词的语法化轨迹及其普遍性》、刘爱菊（2006）《汉语并列连词与伴随介词共时纠葛的历时分化》、蓝鹰（1990）《从少数民族语言看"而"的虚化演变》等。

对甲骨卜辞的研究主要体现在并列连词的认定上，对单个并列连词形成和发展过程的考察重点在确定其使用规律上，对并列连词语法化的考察重点在于探索其演变规律和语法化模式。

二、《史记》中的并列连词

《史记》中的并列连词有"与、与其、及、而、以、以及、及其、

---

[1] 管燮初. 西周金文语法研究. 商务印书馆，1981 年.

且、惟、暨、泉、有、若、非……而……、且……且……、非……维……、既……维……、既……又……、亦……亦……"，共 19 个，1241 例。《史记》中并列连词出现次数及占并列连词总量百分比见表 2.1。

表 2.1　《史记》中并列连词使用情况

并列连词	相关数据	并列连词使用次数	占并列连词总量百分比（%）
与		288	23.21
与其		11	0.89
及		396	31.91
及其		16	1.29
而	而	391	31.51
	非……而……	3	0.24
以		27	2.18
以及		1	0.08
且	且	20	1.61
	且……且……	5	0.40
惟		1	0.08
维	非……维……	1	0.08
	既……维……	1	0.08
暨		1	0.08
泉		1	0.08
既（已）……又……		7	0.56
亦……亦……		1	0.08
有		63	5.08
若		7	0.56
共计		1241	100

考察《史记》中的并列连词，使用最多的是"及"，396 例

（31.91%）；其次是"而"，391 例（31.51%）；再次是"与"，288 例（23.21%）。三个并列连词之和将近并列连词总量的 87%。

"以"，27 例（2.18%），主要连接形容词性成分。"且"，20 例（1.61%），主要连接形容词性成分及分句。两词使用量相当，都是先秦延续下来的并列连词，使用量均超过《左传》《论语》《孟子》中用作并列连词的数量。

"与其"和"及其"是并列连词"与""及"与代词"其"凝固而形成的复音并列连词，使用数量为 11（0.89%）和 16（1.29%）。

"以及""惟""暨""泉""非……维……""既……维……""亦……亦……"各出现 1 例（0.08%）。

"及""而""与"都是从先秦延续使用的并列连词，连接成分和功能比较稳定。"及""与"主要连接名词性成分，在句中主要做主语和宾语；"而"主要连接动词性成分和形容词性成分。

（一）"与"

"与"是并列连词中最常见的一个，一般连接名词或名词性成分，连接的并列成分在句中做主语或宾语。

1.《史记》中并列连词"与"的确定

通过考察"与""及"的使用情况，发现在先秦时期，"与"主要用作伴随介词，而"及"主要用作并列连词。这种情况汉代以后更加明显。[1]本书对伴随介词"与"和并列连词"与"的判定标准是：在"NP_1+与+NP_2+V"格式中，如果可以理解为"NP_1+V"和"NP_2+V"，且 V 不是对称性动词，那么这时"与"为并列连词；如果"NP_1+与+NP_2+V"中 V 为对称性动词，那么"与"为伴随介词。如：

（1）烈王二年，周太史儋见秦献公曰："始周与秦国合而别，别五百载复合，合十七岁而霸王者出焉。"（周本纪）

---

[1] 见徐萧斧（1981）、王克仲（1984）、周生亚（1989）、吴福祥（2003）的结论。

（2）十二年，王与梁王会临晋。（秦本纪）

（3）木星与土合，为内乱，饥，主勿用战，败；水则变谋而更事；火为旱；金为白衣会若水。（天官书）

（4）自得宝鼎，上与公卿诸生议封禅。（封禅书）

（5）司马错与张仪争论于惠王之前，司马错欲伐蜀，张仪曰："不如伐韩。"（张仪列传）

以上句子中的"与"，我们认为不是并列连词，而是介词。从"与"连接成分之后的动词来看，"合""会""议""争论"等，是对称性动词，如果把"与"前后的成分分别与该句的动词组合，文意便不同，所以虽然"与"前后的成分可以位置互换，且互换后不影响文意，但在这里我们还是确定"与"是伴随介词，而非并列连词。

另外，《史记》中还有这样一些含"与"的句子：

（6）及昭公即位，惧其杀己，冬十月辛卯，渠弥与昭公出猎，射杀昭公于野。（郑世家）

（7）靳与武安君坑赵长平军，还而与之俱赐死杜邮，葬于华池。（太史公自序）

考察"与"连接的前后成分以及后面的动词，"与"连接的前后两项可以互换且不影响文意，而且动词也不是对称性动词，"与"似乎是并列连词。但是，从全句的语义来分析，则解释不通。（6）中"渠弥与昭公出猎"，而又"射杀昭公于野"，这样看来，"射杀"的主体应为"渠弥"，而非"与"所连接的前后两项，"与昭公"应是介宾结构。（7）中"靳与武安君坑赵长平军"，"与"连接的前后两项似为并列结构，但从后句"还而与之俱赐死杜邮"中，"与之"的"之"指代的似"武安君"，那么前半句的主语就是"靳"，"与武安君"是介宾结构，"与"就是介词。

由此可见，在判定并列连词时，除了依据并列连词定义外，还需要根据动词中心语的性质及上下文具体文意来确定。

2.《史记》中并列连词"与"所连接成分及句法功能

《史记》中"与（其）"用作并列连词的例子很多，共有 299 例。如：

（8）沛公与项羽西略地至雍丘之下，与秦军战，大破之，斩李由。（高祖本纪）

（9）故晏子因陈桓子以纳政与邑，是以免于栾高之难。（吴太伯世家）

（10）而高渐离念久隐畏约无穷时，乃退，出其装匣中筑与其善衣，更容貌而前。（刺客列传）

（11）是时汉东拔秽貉、朝鲜以为郡，而西置酒泉郡以鬲绝胡与羌通之路。（匈奴列传）

以下具体分析《史记》中并列连词"与"的连接成分及句法功能。

1)《史记》中并列连词"与"所连接的成分。

《史记》中并列连词"与"主要连接名词性成分和代词。连接名词的如：

（12）信与张耳以兵数万，欲东下井陉击赵。（淮阴侯列传）

（13）顷之，太子与梁王共车入朝，不下司马门，于是释之追止太子、梁王无得入殿门。（张释之冯唐列传）

（14）惠后与狄后、子带为内应，开戎狄，戎狄以故得入，破逐周襄王，而立子带为天子。（匈奴列传）

（15）汤掘窟得盗鼠及余肉，劾鼠掠治，传爰书，讯鞫论报，并取鼠与肉，具狱磔堂下。（酷吏列传）

连接名词性短语的如：

（16）盘庚乃告谕诸侯大臣曰："昔高后成汤与尔之先祖俱定天下，法则可修。舍而弗勉，何以成德！"（殷本纪）

（17）夫以韩之劲与大王之贤，乃西面事秦，交臂而服，羞社稷而为天下笑，无大于此者矣。（苏秦列传）

（18）夫以大王之贤与齐之强，天下莫能当。（苏秦列传）

（19）诚得樊将军首与燕督亢之地图，奉献秦王，秦王必说见臣，臣乃得有以报。（刺客列传）

（20）海神曰："以令名男子若振女与百工之事，即得之矣。"（淮南衡山列传）

此外，还有连接形容词、动词性成分等情况。如：

（21）所以遣将守关者，备他盗之出入与非常也。（项羽本纪）

（22）秦非无事之国也，韩亡之后必将更事，更事必就易与利，就易与利必不伐楚与赵矣。（魏世家）

（23）且夫臣人与见臣于人，制人与见制于人，岂可同日道哉！（李斯列传）

并列连词"与"在《史记》中连接名词性成分居多，尤其是连接专有名词及称谓名词居多，如"将军"等，连接形容词、动词、代词性成分很少。在《史记》中，没有出现并列连词"与"连接分句的情况。

2）《史记》中并列连词"与"的句法功能。

并列连词"与"连接的成分主要做主语和宾语。做主语的例子如：

（24）舜既入深，瞽叟与象共下土实井，舜从匿空出，去。（五帝本纪）

（25）高帝与吕后共定天下，刘氏所立九王，吕氏所立三王，皆大臣之议，事已布告诸侯，诸侯皆以为宜。（吕太后本纪）

（26）契母与姊妹浴于玄丘水，有燕衔卵堕之，契母得，故含之，误吞之，即生契。（三代世表）

（27）梁襄王与太子嗣，韩宣王与太子仓来朝信宫。（赵世家）

（28）齐王与魏勃等因留琅邪王，而使祝午尽发琅邪国而并将其兵。（齐悼惠王世家）

（29）韩信与故常山王张耳引兵下井陉，击成安君，而令参还围赵别将戚将军于邬城中。（曹相国世家）

做宾语的例子如：

（30）二世不行此术，而重之以无道，坏宗庙与民，更始作阿房宫，繁刑严诛，吏治刻深，赏罚不当，赋敛无度，天下多事，吏弗能纪，百姓困穷而主弗收恤。（秦始皇本纪）

（31）四年，伐楚，取六与灊。（吴太伯世家）

（32）陈平惧诛，乃封其金与印，使使归项王，而平身间行杖剑亡。（陈丞相世家）

（33）而高渐离念久隐畏约无穷时，乃退，出其装匣中筑与其善衣，更容貌而前。（刺客列传）

此外，"与"所连接的并列成分还可以做兼语式的主语、介宾结构的宾语。做兼语式的主语的例子如：

（34）汉王乃令张耳与韩信遂东下井陉击赵，斩陈馀、赵王歇。（高祖本纪）

（35）太尉复令郦寄与典客刘揭先说吕禄曰："帝使太尉守北军，欲足下之国，急归将印辞去，不然，祸且起。"（吕太后本纪）

（36）惠公七年，畏重耳，乃使宦者履鞮与壮士欲杀重耳。（晋世家）

（37）于是举国政属大夫种，而使范蠡与大夫柘稽行成，为质于吴。（越王勾践世家）

（38）郎或说太子、王后，令诸子与长子税共分财物，太子、王后不听。（五宗世家）

（39）公卿使大臣请，遣宗正与太中大夫公户满意、御史二人，偕往使燕，风喻之。（三王世家）

（40）秦昭王方令白起与韩、魏共伐楚，未行，而楚使黄歇适至于秦，闻秦之计。（春申君列传）

（41）黄歇受约归楚，楚使歇与太子完入质于秦，秦留之数年。（春申君列传）

（42）汉三年，韩信已定魏地，遣张耳与韩信击破赵井陉，斩陈馀泜水上，追杀赵王歇襄国。（张耳陈馀列传）

做介宾结构的宾语的例子如：

（43）今我其即命于元龟，尔之许我，我以其璧与圭归，以俟尔命。（鲁周公世家）

（44）久之，楚平王以其边邑钟离与吴边邑卑梁氏俱蚕，两女子争桑相攻，乃大怒，至于两国举兵相伐。（伍子胥列传）

3.《史记》与《左传》中并列连词"与"的比较

在《左传》中，"与"作为并列连词共出现209例。下面简要从几个方面对《史记》和《左传》中的并列连词"与"进行比较。

1）在《左传》中，并列连词"与"如果连接的两项有专指、有泛指，那么连接的前项是专指，后项是泛指。如：

（45）宣子与诸大夫皆患穆嬴，且畏逼，乃背先蔑而立灵公，以御秦师。（文公七年）

（46）君若辱在寡君，寡君与其二三臣共听两君之所欲，成其可知也。（成公四年）

（47）驷赤与邱人为之宣言于邱中曰："侯犯将以邱易于齐，齐人将迁邱民。"（定公十年）

（48）夷与孤之二三臣相及于绛，虽我小国，则蔑以过之矣。（文公十七年）

（49）栾氏帅贼以入，鞅之父与二三子在君所矣，使鞅逆吾子。（襄公二十三年）

（50）楚蒍尹然、工尹麇帅师救潜，左司马沈尹戌帅都君子与王马之属以济师，与吴师遇于穷，令尹子常以舟师及沙汭而还。（昭公二十七年）

以上例子中，"与"前的"宣子""寡君""驷赤"等是专指，而"与"的后项如"诸大夫""郫人"等则为泛指。"与"连接的前后两项属这类情况的共出现20例。

而《史记》中，以上这种情况并不多见，共出现22例。如：

（51）昔蚩尤与其大夫作乱百姓，帝乃弗予，有状。（殷本纪）

（52）二十五年，智开与邑人来奔。（秦本纪）

（53）怀公四年，庶长鼌与大臣围怀公，怀公自杀。（秦本纪）

（54）汉王之国，项王使卒三万人从，楚与诸侯之慕从者数万人，从杜南入蚀中。（高祖本纪）

（55）汉二年，汉王与诸侯击楚，何守关中，侍太子，治栎阳。（萧相国世家）

《左传》中"与"用作并列连词共209例，"与"连接前项为专指、后项为泛指的比例为9.57%；《史记》中"与"用作并列连词共288例，"与"连接前项为专指、后项为泛指的比例为7.63%。《史记》中的这种表达方式少于《左传》，且类似"二三臣""二三子"这样的称法在《史记》中也不再出现。另外，《史记》中出现1例泛指在前、专指在后的例子：

（56）吕后与审食其谋曰："诸将与帝为编户民，今北面为臣，此常鞅鞅，今乃事少主，非尽族是，天下不安。"（高祖本纪）

这种泛指在前、专指在后的情况《左传》里不曾出现。

2）在《左传》中，如果连接的是多项具体名词，则"与"在前两项并列成分之间；如果连接的是确指、泛指并用的名词，则"与"

在确指、泛指两项之间。如：

（57）郑伯与孔将鉏、石甲父、侯宣多省视官具于氾，而后听其私政，礼也。（僖公二十四年）

（58）右尹子革夕，王见之，去冠、被，舍鞭，与之语曰："昔我先王熊绎与吕伋、王孙牟、燮父、禽父并事康王，四国皆有分，我独无有。今吾使人于周，求鼎以为分，王其与我乎？"（昭公十二年）

（59）癸卯，取大子栾与母弟辰、公子地以为质。（昭公二十年）

（60）王怒，少与之师，唯西广、东宫与若敖之六卒实从之。（僖公二十八年）

（61）司马起丰、析与狄戎，以临上雒。（哀公四年）

（62）齐侯使宾媚人赂以纪甗、玉磬与地。（成公二年）

（57）（58）（59）中，"与"前后连接的都是确指或专有名词，"与"在前两项并列成分之间；（60）（61）（62）中，"与"之前为确指，"与"之后则为泛指或概指。

而《史记》中，"与"连接多项具体名词时，这种区分不再明显。如：

（63）禹拜稽首，让于稷、契与皋陶。（五帝本纪）

（64）周武王崩，武庚与管叔、蔡叔作乱，成王命周公诛之，而立微子于宋，以续殷后焉。（殷本纪）

（65）四月戊辰，宋公、齐将、秦将与晋侯次城濮。（晋世家）

（66）十五年，赵鞅使邯郸大夫午，不信，欲杀午，午与中行寅、范吉射亲攻赵鞅，鞅走保晋阳。（晋世家）

在《史记》中，"与"在连接确指、泛指并用的并列结构时，主要起到分类的作用。如：

（67）襄子立四年，知伯与赵、韩、魏尽分其范、中行故地。（赵

世家）

（68）庶长壮与大臣、诸侯、公子为逆，皆诛，及惠文后皆不得良死。（秦本纪）

（69）二十三年，尉斯离与三晋、燕伐齐，破之济西。（秦本纪）

（70）十五年，楚王与秦、三晋、燕共伐齐，取淮北。（楚世家）

（71）十年冬，吴王阖闾、伍子胥、伯嚭与唐、蔡俱伐楚，楚大败，吴兵遂入郢，辱平王之墓，以伍子胥故也。（楚世家）

3）在《左传》中，有并列连词"与""及"在同一句中连续出现的情况，如：

（72）公鸟死，季公亥与公思展及公鸟之臣申夜姑相其室。（昭公二十五年）

（73）二年春，王正月戊申，宋督弑其君与夷及其大夫孔父。（桓公二年）

（74）令尹炮之，尽灭郤氏之族、党，杀阳令终与其弟完及佗与晋陈及其子弟。（昭公二十七年）

在《史记》中，"与"连接的并列成分的句子中，也有"与""及"同时出现的情况。如：

（75）顺事父及后母与弟，日以笃谨，匪有解。（五帝本纪）

（76）从其父单于头曼猎，以鸣镝射头曼，其左右亦皆随鸣镝而射杀单于头曼，遂尽诛其后母与弟及大臣不听从者。（匈奴列传）

（77）留岁余，单于死，左谷蠡王攻其太子自立，国内乱，骞与胡妻及堂邑父俱亡归汉。（大宛列传）

另有1例，"若""与"在一句中同时出现：

（78）海神曰："以令名男子若振女与百工之事，即得之矣。"（淮南衡山列传）

通过查找相应用例可知，在《史记》中有4处出现了并列连词

"与""及"在一句中连接几个并列结构的情况，从数量上看，与《左传》中出现的情况相当；但从比例上来看，《史记》中这种"与""及"同时出现的情况已经少于《左传》。在《史记》中也没有两个"与"同时在一句中出现的用例。

4)《左传》中，并列连词"与"在连接并列成分时，很多时候有"其"参加，使"与"连接的前后项有密切的关系。

A."其"在"与"后，组成"与其"格式。《左传》中的例子如：

（79）若大盗礼焉以君之姑姊与其大邑，其次皋牧舆马，其小者衣裳剑带，是赏盗也。（襄公二十一年）

（80）斗辛与其弟巢以王奔随。（定公四年）

（81）华亥与其妻，必盟而食所质公子者而后食。（昭公二十年）

（82）梁嬴孕，过期，卜招父与其子卜之。（僖公十七年）

在《史记》中，也有使用"与其"来连接前后两项的情况，如：

（83）五年，晋献公灭虞、虢，虏虞君与其大夫百里傒，以璧马赂于虞故也。（秦本纪）

（84）二十六年，齐王建与其相后胜发兵守其西界，不通秦。（秦始皇本纪）

（85）十四年，灵公与其大夫孔宁、仪行父皆通于夏姬，衷其衣以戏于朝。（陈杞世家）

（86）遂与所征三十人西，及上左右为学者与其弟子百余人为绵蕞野外。（刘敬叔孙通列传）

《左传》中"与"用作并列连词209例，"与其"共出现17例，"与其"占8.13%；《史记》中"与"用作并列连词288例，"与其"共出现11例，"与其"占3.82%。从比例上看，《史记》用例明显低于《左传》。

B.并列连词"与"前出现"其"，构成"其……与……"格式。

《左传》中的例子如：

（87）赵旃以其良马二，济其兄与叔父，以他马反，遇敌不能去，弃车而走林。（宣公十二年）

（88）灵王杀隐大子，其子与君同恶，德君必甚。（昭公二十一年）

（89）司马牛致其邑与珏焉，而适齐。（哀公十四年）

《史记》中"其……与……"格式的例子如：

（90）桓公之少子林怨厉公杀其父与兄，乃令蔡人诱厉公而杀之。（田敬仲完世家）

（91）子所言者，其人与骨皆已朽矣，独其言在耳。（老子韩非列传）

（92）从其父单于头曼猎，以鸣镝射头曼，其左右亦皆随鸣镝而射杀单于头曼，遂尽诛其后母与弟及大臣不听从者。（匈奴列传）

这种"其"在并列连词"与"前的格式，《左传》中出现3例，《史记》中出现10例，《史记》中出现的情况占优势。

C. 还有一种情况是并列连词"与"前后都出现"其"。《左传》中的例子如：

（93）尽具其帑与其器用财贿，亲帅扦之，送致诸竟。（文公六年）

（94）我先王赖其利器用也，与其神明之后也，庸以元女大姬配胡公，而封诸陈，以备三恪。（襄公二十五年）

（95）蔡侯如晋，以其子元与其大夫之子为质焉，而请伐楚。（定公三年）

《史记》中的例子如：

（96）因与由余曲席而坐，传器而食，问其地形与其兵势尽察，而后令内史廖以女乐二八遗戎王。（秦本纪）

（97）东郭女使其前夫子无咎与其弟偃相崔氏。（齐太公世家）

（98）而高渐离念久隐畏约无穷时，乃退，出其装匣中筑与其善衣，更容貌而前。（刺客列传）

并列连词"与"前后都出现"其"，《左传》中出现5例，占并列连词"与"的2.39%；《史记》中出现3例，占并列连词"与"的1.04%。此种用例，《左传》略多于《史记》。值得注意的是，（94）句中，"与"连接的是比较松散的结构，这种情况《左传》和《史记》中仅此一例。

4. 对于《史记》中的"与"的两点说明

1）"及与"。在《史记》中，"及与"出现3次：

（99）其没入奴婢，分诸苑养狗马禽兽，及与诸官。（平准书）

（100）汉失亡数千人，合骑侯后骠骑将军期，及与博望侯皆当死，赎为庶人。（匈奴列传）

（101）乃刑白雉，及与骊羊；以血灌龟，于坛中央。（龟策列传）

从这3例来看，只有"及与骊羊"中的"及与"近似于并列连词连用，但也可以翻译为"以至于骊羊"，所以我们认为在《史记》中没有"及与"连用作为并列连词使用的情况。

2）"与"连接的并列成分能否互换。

虽然并列连词的特征是"其"连接的前后两项互换后不改变语义，但从考察来看，并列连词"与"在连接名词时，所连接的前后两项有一些固定的要求，如地位、职位等限制，前后两项虽然互换后不影响对"与"的并列连词的确定，但在文意的表述上，实际上前后位置是不能互换的。如：

（102）始吾与公为刎颈交，今王与耳旦暮且死，而公拥兵数万，不肯相救，安在其相为死！（张耳陈馀列传）

（103）时独沛公与张良得入坐，樊哙在营外，闻事急，乃持铁盾入到营。（樊郦滕灌列传）

（104）顷之，太子与梁王共车入朝，不下司马门，于是释之追止太子、梁王无得入殿门。（张释之冯唐列传）

5. 并列连词"与"的语法化过程

"与"由动词到介词、连词的用法，周生亚（1989）、蒋宗许（1990）、洪波（2000）、吴福祥（2003）等学者都做过探讨，我们综合各家推测，分析并列连词"与"的语法化过程。

"与"的本义是"党与"[1]，由此引申为"参与"。如：

（105）秦伯纳女五人，怀嬴与焉。（左·僖公二十三年）

（106）子曰："吾不与祭，如不祭。"（论·八佾）

"与"又从"参与"的语义引申出"偕同""跟……在一起"，如：

（107）公与宋公为会，将寻宿之盟。（左·隐公四年）

（108）卫宁武子来聘，公与之宴，为赋《湛露》及《彤弓》。（左·文公四年）

（109）逢大夫与其二子乘，谓其二子无顾。（左·宣公十二年）

在"偕同""跟……在一起"意义上，"与"可以构成"NP_1+与$_v$+NP_2+V_2"格式的连动式。格式中的NP_2是"与"的宾语，在语义上是V_2表示的动作行为的参与者。由此导致"NP_1+与$_v$+NP_2+V_2"格式的重新分析，"与"也就由动词语法化为伴随介词。如：

（110）祭仲与宋人盟，以厉公归而立之。（左·桓公十一年）

（111）公都子曰："匡章，通国皆称不孝焉，夫子与之游，又从而礼貌之，敢问何也？"（孟·离娄下）

（112）曰："邹人与楚人战，则王以为孰胜？"（孟子·梁惠王上）

"与"作为伴随介词，引出宾语，也就是话题的另一参与者。句法上，"与"和它的宾语组成介宾结构充当后面谓语动词的状语，

---

[1] 与，党与也。见许慎《说文解字》。

NP$_1$ 与 "NP$_2$+V$_2$" 都在谓语动词之前，而 NP$_1$ 又是 "与" 的主导者，与 NP$_2$ 有着共同的目的——V$_2$，所以 "与" 又由伴随介词语法化为并列连词。如：

（113）三十年春，王正月，公在干侯，不先书郓与干侯，非公，且征过也。（左·昭公三十年）

（114）其不改父之臣与父之政，是难能也。（论·子张）

（115）故耕、渔与陶非舜之事，而舜为之，以救败也。（说·反质）

"与" 的语法化过程是：动词→伴随介词→并列连词。

（二）"及"

"及" 也是一个主要的并列连词，主要连接名词或名词性成分，也可以连接动词性成分，连接的并列成分在句中做主语或宾语。

1. 《史记》中并列连词 "及" 所连接成分及句法功能

在《史记》中，并列连词 "及（其）" 共有 412 例，从数量上来看，多于并列连词 "与"，如：

（116）禹之曾大父昌意及父鲧皆不得在帝位，为人臣。（夏本纪）

（117）当幽王三年，王之后宫见而爱之，生子伯服，竟废申后及太子，以褒姒为后，伯服为太子。（周本纪）

（118）丞相斯为上崩在外，恐诸公子及天下有变，乃秘之，不发丧。（秦始皇本纪）

（119）乃留屯荥阳，使使谕齐王及诸侯，与连和，以待吕氏变，共诛之。（吕太后本纪）

（120）所赐长子书及符玺皆在胡亥所，定太子在君侯与高之口耳。（李斯列传）

以上都是 "及" 用作并列连词的句子。下面分析 "及" 连接的并列成分和句法功能。

1)《史记》中并列连词"及"所连接的成分。

并列连词"及"在《史记》中连接名词和名词性短语。连接名词的例子，如：

（121）项梁使沛公及项羽别攻城阳，屠之。（项羽本纪）

（122）景公元年，初，崔杼生子成及强，其母死，取东郭女，生明。（齐太公世家）

（123）季友母陈女，故亡在陈，陈故佐送季友及子中。（鲁周公世家）

（124）十五年，宋灭曹，执曹伯阳及公孙强以归而杀之。（管蔡世家）

（125）因言子楚贤智，结诸侯宾客遍天下，常曰"楚也以夫人为天，日夜泣思太子及夫人"。（吕不韦列传）

（126）汉使博望侯及李将军广出右北平，击匈奴左贤王。（匈奴列传）

连接名词性短语的例子，如：

（127）上为立后故，赐天下鳏寡孤独穷困及年八十已上孤儿九岁已下布帛米肉各有数。（孝文本纪）

（128）盖尝有至者，诸仙人及不死之药皆在焉。（封禅书）

（129）孟尝君在薛，招致诸侯宾客及亡人有罪者，皆归孟尝君。（孟尝君列传）

（130）汤掘窟得盗鼠及余肉，劾鼠掠治，传爰书，讯鞫论报，并取鼠与肉，具狱磔堂下。（酷吏列传）

（131）邑中少年及旁近县贤豪，夜半过门常十余车，请得解客舍养之。（游侠列传）

并列连词"及"在《史记》中还有多处连接动词性成分的例子，如：

（132）与父老约，法三章耳：杀人者死，伤人及盗抵罪。（高祖本纪）

（133）恐惧不敢自陈，谨斩樊於期之头，及献燕督亢之地图，函封，燕王拜送于庭，使使以闻大王，唯大王命之。（刺客列传）

（134）从攻安阳、杠里，击赵贲军于开封，及击杨熊曲遇、阳武，斩首十二级，赐爵卿。（傅靳蒯成列传）

（135）遣太子入谢，献马五千四，及馈军粮。（朝鲜列传）

并列连词"及"在《史记》中有连接分句的情况[1]，如：

（136）十七年，城阳君入朝，及东周君来朝。（秦本纪）

（137）（二世）乃阴与赵高谋曰："大臣不服，官吏尚强，及诸公子必与我争，为之奈何？"（秦始皇本纪）

（138）天子观于上古，然后加惠，使诸侯得推恩分子弟国邑，故齐分为七，赵分为六，梁分为五，淮南分三，及天子支庶子为王，王子支庶为侯，百有余焉。（汉兴以来诸侯王年表）

（139）高帝不怿而有惭色，乃谓陆生曰："试为我著秦所以失天下，吾所以得之者何，及古成败之国。"（郦生陆贾列传）

（140）贰师之伐宛也，而军正赵始成力战，功最多；及上官桀敢深入，李哆为谋计，军入玉门者万余人，军马千余四。（大宛列传）

（141）安邑千树枣；燕、秦千树栗；蜀、汉、江陵千树橘；淮北、常山巳南，河济之间千树萩；陈、夏千亩漆；齐、鲁千亩桑麻；渭川千亩竹；及名国万家之城，带郭千亩亩钟之田，若千亩卮茜，千畦姜韭：此其人皆与千户侯等。（货殖列传）

2)《史记》中并列连词"及"的句法功能。

并列连词"及"连接的并列结构在句子中可以做主语，如：

---

[1] 考察"与"在《史记》中作为并列连词的连接成分，"与"没有连接分句的例子，而"及"有连接分句的例子。

（142）项王军壁垓下，兵少食尽，汉军及诸侯兵围之数重。（项羽本纪）

（143）至南郑，诸将及士卒多道亡归，士卒皆歌思东归。（高祖本纪）

（144）天下卿相人臣及布衣之士，皆高贤君之行义，皆愿奉教陈忠于前之日久矣。（苏秦列传）

（145）自古受命帝王及继体守文之君，非独内德茂也，盖亦有外戚之助焉。（外戚世家）

（146）太史公曰：始齐之蒯通及主父偃读乐毅之报燕王书，未尝不废书而泣也。（乐毅列传）

（147）于是景帝曰："石君及四子皆二千石，人臣尊宠乃集其门。"（万石张叔列传）

并列连词"及"连接的并列结构在句子中可以做宾语，如：

（148）祖己嘉武丁之以祥雉为德，立其庙为高宗，遂作高宗肜日及训。（殷本纪）

（149）非子居犬丘，好马及畜，善养息之。（秦本纪）

（150）晋文公重耳伐卫，分其地予宋，讨前过无礼及不救宋患也。（卫康叔世家）

（151）是日令冯唐持节赦魏尚，复以为云中守，而拜唐为车骑都尉，主中尉及郡国车士。（张释之冯唐列传）

（152）天子已尝使浞野侯攻楼兰，以七百骑先至，虏其王，以定汉等言为然，而欲侯宠姬李氏，拜李广利为贰师将军，发属国六千骑，及郡国恶少年数万人，以往伐宛。（大宛列传）

并列连词"及"连接的并列结构做介宾结构的宾语，如：

（153）汉王稍收士卒，与诸将及关中卒益出，是以兵大振荥阳，破楚京、索间。（高祖本纪）

（154）莆反与宫中及公之幸臣攻无知等，不胜，皆死。（齐太公世家）

（155）其太子丹与其女及同产姊奸，与其客江充有郤。（五宗世家）

（156）田忌信然之，与王及诸公子逐射千金。（孙子吴起列传）

（157）即大王薨，安国君立为王，则子毋几得与长子及诸子旦暮在前者争为太子矣。（吕不韦列传）

（158）汉王二年春，与魏王豹及诸侯东击楚，彭越将其兵三万余人归汉于外黄。（魏豹彭越列传）

（159）其与白土人曼丘臣、王黄等立赵苗裔赵利为王，复收信败散兵，而与信及冒顿谋攻汉。（韩信卢绾列传）

（160）学申商刑名于轵张恢先所，与雒阳宋孟及刘礼同师。（袁盎晁错列传）

（161）荆轲嗜酒，日与狗屠及高渐离饮于燕市，酒酣以往，高渐离击筑，荆轲和而歌于市中，相乐也，已而相泣，旁若无人者。（刺客列传）

从以上例子中可以看出，"及"连接的并列结构做介宾结构的宾语时，其前面的介词多是"与"，在"与""及"同时出现的格式中，"与"较多地承担介词的用法，而"及"则承担并列连词的用法。

除去以上所列，并列连词"及"连接的并列结构做介宾结构的宾语的例子，又如：

（162）太子所以然者，不过以妾及奚齐之故。（晋世家）

（163）七年，晋文公、秦缪公共围郑，以其无礼于文公亡过时，及城濮时郑助楚也。（晋世家）

（164）汉使还，而后发使随汉使来观汉广大，以大鸟卵及黎轩善眩人献于汉。（大宛列传）

（165）王欲诛相国，为其奉先王功大，及宾客辩士为游说者众，王不忍致法。（吕不韦列传）

并列连词"及"连接的并列结构在句子中可以做定语，如：

（166）或曰，伊尹处士，汤使人聘迎之，五反然后肯往从汤，言素王及九主之事。（殷本纪）

（167）天子既闻公孙卿及方士之言，黄帝以上封禅，皆致怪物与神通，欲放黄帝以尝接神仙人蓬莱士，高世比德于九皇，而颇采儒术以文之。（孝武本纪）

并列连词"及"连接的并列结构可以做兼语式的主语，如：

（168）遂发兵，使百里傒子孟明视，蹇叔子西乞术及白乙丙将兵。（秦本纪）

（169）楚使春申君及魏公子将兵数十万攻秦军，秦军多失亡。（白起王翦列传）

（170）鲁连曰："吾将使梁及燕助之，齐、楚则固助之矣。"（鲁仲连邹阳列传）

（171）梁使韩安国及楚死事相弟张羽为将军，乃得颇败吴兵。（吴王濞列传）

并列连词"及"连接的并列结构可以做兼语式的宾语，如：

（172）又使曼成然告初王比及令尹子白皙曰："王至矣！国人将杀君，司马将至矣！君蚤自图，无取辱焉。众怒如水火，不可救也。"（楚世家）

（173）使厨人操铜枓以食代王及从者，行斟，阴令宰人各以枓击杀代王及从官，遂兴兵平代地。（赵世家）

（174）魏文侯乃使使言周天子及诸侯，请立齐相田和为诸侯。（田敬仲完世家）

（175）横定齐三年，汉王使郦生往说下齐王广及其相国横。（田

儋列传）

2. 对于《史记》中并列连词"及"的几点说明

1）在《史记》中，并列连词"及"连接多项并列结构时，并列结构都是确指，如：

（176）薄忌泰一及三一、冥羊、马行、赤星，五，宽舒之祠官以岁时致礼。（孝武本纪）

（177）齐，王舅也；晋及鲁、卫，王母弟也：楚是以无分而彼皆有。（楚世家）

（178）明年，伐鲁、葛及安陵。（田敬仲完世家）

（179）王必欲伐之，莫如与赵及楚、魏。（乐毅列传）

（180）后五岁，伉弟二人，阴安侯不疑及发干侯登皆坐酎金失侯。（卫将军骠骑列传）

（181）乃与其弟将卒攻杀王、太后及汉使者。（南越列传）

在"及"连接前后两项都是确指的情况下，"及"所处的位置一方面没有严格界限，如：

（182）少帝及梁、淮阳、常山王，皆非真孝惠子也。（吕太后本纪）

（183）夜，有司分部诛灭梁、淮阳、常山王及少帝于邸。（吕太后本纪）

但另一方面，也起到了一定的分类作用，如：

（184）太史公曰：吾读管氏《牧民》《山高》《乘马》《轻重》《九府》，及《晏子春秋》，详哉其言之也。（管晏列传）

（185）臣愿陛下徙齐诸田，楚昭、屈、景，燕、赵、韩、魏后，及豪桀名家居关中。（刘敬叔孙通列传）

（186）将军李沮、李息及校尉豆如意有功，赐爵关内侯，食邑各三百户。（卫将军骠骑列传）

2）在"及"连接的并列结构成分里，又有含有多项并列结构的情况，如：

（187）武王曰："嗟！我有国冢君，司徒、司马、司空，亚旅、师氏，千夫长、百夫长，及庸、蜀、羌、髳、微、卢、彭、濮人，称尔戈，比尔干，立尔矛，予其誓。"（周本纪）

（188）燕王卢绾反，入匈奴，满亡命，聚党千余人，魋结蛮夷服而东走出塞，渡浿水，居秦故空地上下鄣，稍役属真番、朝鲜蛮夷及故燕、齐亡命者王之，都王险。（朝鲜列传）

（189）于是王乃令官奴入宫，作皇帝玺，丞相、御史、大将军、军吏、中二千石、都官令、丞印，及旁近郡太守、都尉印，汉使节法冠，欲如伍被计。（淮南衡山列传）

（190）转战六日，过焉支山千有余里，合短兵，杀折兰王，斩卢胡王，诛全甲，执浑邪王子及相国、都尉，首虏八千余级，收休屠祭天金人，益封去病二千户。（卫将军骠骑列传）

这种情况在并列连词"与"连接并列成分时是不多见的。

3）在《史记》中，并列连词"及"连接多项的并列结构时，有连接确指、泛指的情况，如：

（191）独子胡亥、赵高及所幸宦者五六人知上死。（秦始皇本纪）

（192）田常于是尽诛鲍、晏、监止及公族之强者，而割齐自安平以东至琅邪，自为封邑。（田敬仲完世家）

（193）定楼兰、乌孙、呼揭及其旁二十六国，皆以为匈奴。（匈奴列传）

（194）骞因分遣副使使大宛、康居、大月氏、大夏、安息、身毒、于窴、扜罙及诸旁国。（大宛列传）

从以上句子可以看出，泛指多居后，"及"在连接时位置也较靠后。

4）在《史记》中，并列连词"及"有在一句中多次出现的情况，如：

（195）长信侯毐作乱而觉，矫王御玺及太后玺以发县卒及卫卒、官骑、戎翟君公、舍人，将欲攻蕲年宫为乱。（秦始皇本纪）

（196）父母及身兄弟及女，皆故倡也。（佞幸列传）

5）并列连词"及"在连接并列成分时，用"其"表示与前后项的密切关系。

《史记》中，并列连词"及"连接的前后项中，有时有"其"参与其中，大致有下面3种情况。

A. "其"在"及"后，构成复音并列连词"及其"，《史记》中共出现16例，如：

（197）吕后最怨戚夫人及其子赵王，乃令永巷囚戚夫人，而召赵王。（吕太后本纪）

（198）于是济北王以为天子且封禅，乃上书献太山及其旁邑，天子以他县偿之。（封禅书）

（199）管叔及其群弟流言于国曰："周公将不利于成王。"（鲁周公世家）

（200）秦二世之时，王翦及其子贲皆已死，而又灭蒙氏。（白起王翦列传）

（201）定楼兰、乌孙、呼揭及其旁二十六国，皆以为匈奴。（匈奴列传）

（202）卓王孙不得已，分予文君僮百人，钱百万，及其嫁时衣被财物。（司马相如列传）

在《史记》中，表示并列结构的"及其"共16例，"与其"11例。到后代，"及其"保留下来，"与其"变成了选择连词。

《左传》中并列连词"及其"共出现9例[1]，如：

（203）六月甲子，傅瑕杀郑子及其二子而纳厉公。（左·庄公十四年）

（204）及亡，荀伯尽送其帑及其器用财贿于秦，曰："为同寮故也。"（文公七年）

（205）郑人赂晋侯以师悝、师触、师蠲，广车、軘车淳十五乘，甲兵备，凡兵车百乘，歌钟二肆，及其镈磬盘，女乐二八。（襄公十一年）

（206）子产请其田里，三年而复之，反其田里及其入焉。（襄公三十年）

从比例上看，《左传》中"及其"结构占并列连词"及"总数的6.98%，《史记》中"及其"占3.88%。比较"及其"在《左传》和《史记》中的使用数据，可以看出，《史记》中"及其"使用率有所下降。

另外还有1例：

（207）为郎者顷之与后宫乱，端禽灭之，及杀其子母。（五宗世家）

此句虽然有"其"，但在"其"前有动词"杀"。由此，"及"表示并列连词的用法减弱。

B."其"在并列连词"及"前，《史记》中共出现13例，如：

（208）十二月己酉，围入问王疾，绞而弑之，遂杀其子莫及平夏。（楚世家）

（209）广国去时虽小，识其县名及姓，又常与其姊采桑堕，用

---

[1] 另，《春秋经》中出现3例：

二年春，王正月戊申，宋督弑其君与夷及其大夫孔父。（桓公二年）

秋八月甲午，宋万弑其君捷及其大夫仇牧。（庄公十二年）

晋里克弑其君卓及其大夫荀息。（僖公十年）

为符信，上书自陈。（外戚世家）

（210）得故齐王田广相田光，其守相许章，及故齐胶东将军田既。（曹相国世家）

（211）陈馀乃复说陈王曰："大王举梁、楚而西，务在入关，未及收河北也。臣尝游赵，知其豪桀及地形，原请奇兵北略赵地。"（张耳陈馀列传）

（212）及冒顿以兵至，击，大破灭东胡王，而虏其民人及畜产。（匈奴列传）

（213）于是天子许之，赐其丞相吕嘉银印，及内史、中尉、太傅印，余得自置。（南越列传）

《左传》中没有出现"其"在并列连词"及"前的例子。比较《左传》，《史记》中"其"在并列连词"及"前的格式明显占优势。

C. 并列连词"及"前后连接的并列项都出现"其"，《史记》中仅出现 1 例，如：

（214）匿其年及其生长，常自谓七十，能使物，却老。（封禅书）

《左传》中并列连词"及"前后都出现"其"，共 2 例[1]：

（215）及亡，荀伯尽送其帑及其器用财贿于秦，曰："为同寮故也。"（文公七年）

（216）子产请其田里，三年而复之，反其田里及其入焉。（襄公三十年）

以上这种格式，《史记》中出现的情况占并列连词总数的 0.25%，《左传》中"及"所占的比例为 1.55%。从比例上看，《史记》的使用情况明显低于《左传》。而且，上面这例在《史记》其他卷中也出现过，在"及"后无"其"：

---

[1] 另有 2 例《春秋经》中的例子：

秋八月甲午，宋万弑其君捷及其大夫仇牧。（庄公十二年）

晋里克弑其君卓及其大夫荀息。（僖公十年）

（217）匿其年及所生长，常自谓七十，能使物，却老。（孝武本纪）

由此看来，并列连词"及"前后均有"其"的格式在《史记》中几乎没有出现。

以上是对《史记》和《左传》中"及""其"位置的考察，综合上节"与""其"位置关系的考察，我们得出如下结论。

a."其"在并列连词"与""及"后，组成复音并列连词"及其"时，《左传》中的用例明显多于《史记》中的用例。并列连词"与其""及其"占《史记》中并列连词"与""及"总数的比例相似，分别为3.82%和3.88%。

b."其"在并列连词"与""及"前，组成"其……与（及）……"格式时，《史记》中的用例明显多于《左传》。"其……与……"格式与"其……及……"格式在《史记》中占并列连词"与""及"比例相似，分别为3.47%和3.28%。

c."其"在并列连词"与""及"前后都出现，组成"其……与其……""其……及其……"格式，《史记》中的用例都少于《左传》。

6）表示并列关系时，未出现"及"，如：

（218）书及玺皆在赵高所，独子胡亥、丞相李斯、赵高及幸宦者五六人知始皇崩，余群臣皆莫知也。李斯以为上在外崩，无真太子，故秘之。（李斯列传）

（219）赵高因留所赐扶苏玺书，而谓公子胡亥曰："上崩，无诏封王诸子而独赐长子书。长子至，即立为皇帝，而子无尺寸之地，为之奈何？"（李斯列传）

（218）中，"书""玺"通过"及"连接；（219）中，"玺书"直接连用，中间并未出现并列连词"及"。

3. 并列连词"及"的语法化过程

对于并列连词"及"的语法化过程，很多学者都是将其和"与"

放在一类进行探讨的。[1]

"及"本义是"追赶上"[2]，如：

（220）楚子使赖人追之，不及。（左·桓公十三年）

（221）子贡曰："我不欲人之加诸我也，吾亦欲无加诸人。"子曰："赐也，非尔所及也。"（论·公冶长）

动词"及"由"追赶上"的语义引申为"到达"，如：

（222）子晳怒，既而櫜甲以见子南，欲杀之而取其妻。子南知之，执戈逐之。及冲，击之以戈。子晳伤而归，告大夫曰："我好见之，不知其有异志也，故伤。"（左·昭公元年）

（223）子产曰："不害。令尹将行大事，而先除二子也。祸不及郑，何患焉？"（左·昭公元年）

（224）孟子曰："有为者辟若掘井，掘井九轫而不及泉，犹为弃井也。"（孟子·尽心上）

动词"及"由"到达"的语义引申为"偕同""跟……一起"，如：

（225）徐子及郯人、莒人会齐侯，盟于蒲隧，赂以甲父之鼎。（左·昭公十六年）

（226）孟穆伯帅师及诸侯之师救徐，诸侯次于匡以待之。（左·僖公十五年）

表示"偕同""跟……一起"的"及"词性上仍是动词，形成 NP_1+V_1（及）$+NP_2+V_2$ 的格式，"及"是连动式的前项动词，而 NP_2 又是 V_2 这一动作的参与者，由此导致原结构的重新分析，结果是"及"由动词语法化为伴随介词，如：

（227）秋八月，公及齐侯盟于落姑，请复季友也。（左·闵公元

---

[1] 如前文提过的周生亚（1989）、蒋宗许（1990）、洪波（2000）、吴福祥（2003）都曾经把"及"和"与"放在一类，一并进行分析。

[2] 《说文解字》："及，逮也。"

年）

（228）师及齐师战于郊，齐师自稷曲，师不逾沟。（左·哀公十
一年）

作为伴随介词，"及"的作用是与后面的成分组成介宾词组，充
当后面谓语动词的状语，同时也参与主语 NP_1 所发出的动作 V_2，且
NP_1 与 NP_2 都处在谓语动词的同一侧，从而导致 NP_1 与 NP_2 都是谓
语动词所表示的动作行为的发出者，这时，"及"由伴随介词语法化
为并列连词，如：

（229）于以盛之，维筐及筥。（诗·召南·采蘋）

（230）十六年春，晋士会帅师灭赤狄甲氏及留吁铎辰。（左·宣
十六年）

（231）君至，而行其城郭及五官之藏。（韩·十过）

（232）护军及诸校皆愕惊，不知所以。（说·指武）

"及"的语法化过程是：动词→伴随动词→伴随介词→并列连词。

刘爱菊[1]认为，汉语的并列连词可以细分为主语并列连词和宾
语并列连词。宾语并列连词"及"产生较早，是由动词直接语法化
为并列连词。主语并列连词"及"是由伴随介词语法化得来的，因
为经过伴随介词的阶段，所以主语并列连词"及"才与伴随介词产
生纠葛。对以上观点，本书持认同态度。

（三）"而"

马建忠《马氏文通》[2]认为："若'而'字之前若后惟有名字者，
则其名必假为动静字矣。不然，则含有动静之字者也。不然，则用
若状字者也。""'而'字之为连字，不惟用以承接，而用为推转者亦

[1] 刘爱菊. 汉语并列连词与伴随介词共时纠葛的历时分化——以并列连词"及"
的历时语法化来源为例. 南开语言学刊，2006 年第 1 期.

[2] 马建忠. 马氏文通. 商务印书馆，1983 年.

习见焉。然此皆上下文义为之。不知'而'字不变之例，惟用以为动静诸字之过递耳。"郭锡良[1]认为这是"论证名词用在'而'字前后是假借作动词、形容词、副词"，肯定了这种见解对虚词分析的贡献。[2]

"而"的基本功能是在各种与动词性成分和形容词性成分相关的语法单位之间起连接作用。《史记》中"而"主要用作并列连词（391例）、顺承连词（438例）、转折连词（119例）、修饰连词（481例）等。这里对《史记》中"而"的并列连词用法进行描写，称为"而₁"。

"而₁"作为并列连词主要是连接动词性成分和形容词，在《史记》中出现的例子如：

（233）宽而静，柔而正者宜歌《颂》；广大而静，疏达而信者宜歌《大雅》；恭俭而好礼者宜歌《小雅》；正直清廉而谦者宜歌《风》；肆直而慈爱者宜歌《商》；温良而能断者宜歌《齐》。（乐书）

（234）驺忌子曰："何独语音，夫治国家而弭人民皆在其中。"（田敬仲完世家）

（235）夫古者天地顺而四时当，民有德而五谷昌，疾疢不作而无妖祥，此之谓大当。（乐书）

（236）今夫蜀，西僻之国而戎翟之伦也，敝兵劳众不足以成名，得其地不足以为利。（张仪列传）

（237）长子刚毅而武勇，信人而奋士，即位必用蒙恬为丞相，君侯终不怀通侯之印归于乡里，明矣。（李斯列传）

1. "而₁"在《史记》中的使用情况

"而₁"在《史记》中的使用情况如下。

1）"而₁"连接的动词性成分共146例。其中，连接动词的例

---

[1] 郭锡良. 汉语史论集（增补本）. 商务印书馆，2005年.

[2] 席嘉. 近代汉语连词. 中国社会科学出版社，2010年.

子较少，只有下面 1 例：

（238）恬曰："……故周书曰'必参而伍之'。……"（蒙恬列传）

此例中，"参"指的是"三卿"，"伍"指的是"五大夫"，这里的意思是"国君做事一定要参错交互地查询"。把这里的"参"和"伍"理解为动词。在《史记》中，是蒙恬说的话。

由此可以看出，《史记》中"而"没有连接单音动词的情况，即使有个别例子，但或为引文，或动词前有状语，或单音动词连用与"而"后的动词性成分对应。

"而₁"主要连接动词性成分，在《史记》中一共出现 145 例，如：

（239）庄襄王元年，大赦罪人，修先王功臣，施德厚骨肉而布惠于民。（秦本纪）

（240）秦王怀贪鄙之心，行自奋之智，不信功臣，不亲士民，废王道，立私权，禁文书而酷刑法，先诈力而后仁义，以暴虐为天下始。（秦始皇本纪）

（241）三年，郑伯初立，附晋而弃楚。（晋世家）

（242）家听于亲而国听于君，古今之公行也。（赵世家）

（243）公子虔杜门不出已八年矣，君又杀祝懽而黥公孙贾。（商君列传）

（244）天下之游士冯轼结靷东入齐者，无不欲强齐而弱秦者；冯轼结靷西入秦者，无不欲强秦而弱齐者。（孟尝君列传）

（245）若此二士者，非不能成小廉而行小节也，以为杀身亡躯，绝世灭后，功名不立，非智也。（鲁仲连邹阳列传）

（246）孝、昭治咸阳，因以汉都，长安诸陵，四方辐凑并至而会，地小人众，故其民益玩巧而事末也。（货殖列传）

2）在《史记》中，"而₁"连接形容词成分的用例仅次于连接动词性成分，共有 131 例，如：

（247）出东方，大而白，有兵于外，解。常在东方，其赤，中国胜；其西而赤，外国利。无兵于外而赤，兵起。（天官书）

（248）母淫子僻，无威；陈小而远，无援：将何可乎！（晋世家）

（249）肝气浊而静，此内关之病也。脉法曰"脉长而弦，不得代四时者，其病主在于肝。和即经主病也，代则络脉有过"。（扁鹊仓公列传）

3）"而₁"连接形容词或形容词成分时，大致可以分为几种情况[1]：

A."而₁"连接的并列成分有单音的形容词，如：

（250）仁而威，惠而信，修身而天下服。（五帝本纪）

（251）始事事，宽而栗，柔而立，愿而共，治而敬，扰而毅，直而温，简而廉，刚而实，强而义，章其有常，吉哉。（夏本纪）

（252）肝气浊而静，此内关之病也。（扁鹊仓公列传）

B."而₁"连接的并列成分其中一项为形容词，另一项为形容词成分，如：

（253）尚之为人，廉，死节，慈孝而仁，闻召而免父，必至，不顾其死。（楚世家）

（254）今大王慢而少礼，士廉节者不来；然大王能饶人以爵邑，士之顽钝嗜利无耻者亦多归汉。（陈丞相世家）

C."而₁"连接的并列成分表示比喻，如：

（255）秦王为人，蜂准，长目，挚鸟膺，豺声，少恩而虎狼心，居约易出人下，得志亦轻食人。（秦始皇本纪）

（256）高祖为人，隆准而龙颜，美须髯，左股有七十二黑子。

---

[1] 在《史记》中有 1 例："因退立，股战而栗，恐不能言者，终无他语。""战栗"本是一个词，在这句中，"而"把这个词分开了。

（高祖本纪）

　　除了以上句子中的"虎狼心""龙颜"，还有"龙面""鸟喙"等都表比喻。

　　4）在《史记》中，"而₁"还有 11 例用来复指人物的身份。

　　这种情况下，"而₁"可以理解为"且"，表示身份的复指，如：

　　（257）帝颛顼高阳者，黄帝之孙而昌意之子也。（五帝本纪）

　　（258）禹者，黄帝之玄孙而帝颛顼之孙也。（夏本纪）

　　（259）简公，昭子之弟而怀公子也。（秦本纪）

　　（260）吴太伯，太伯弟仲雍，皆周太王之子，而王季历之兄也。（吴太伯世家）

　　（261）管叔鲜、蔡叔度者，周文王子而武王弟也。（管蔡世家）

　　（262）微子开者，殷帝乙之首子而帝纣之庶兄也。（宋微子世家）

　　（263）晋唐叔虞者，周武王子而成王弟。（晋世家）

　　（264）越王勾践，其先禹之苗裔，而夏后帝少康之庶子也。（越王勾践世家）

　　（265）郑桓公友者，周厉王少子而宣王庶弟也。（郑世家）

　　（266）田婴者，齐威王少子而齐宣王庶弟也。（孟尝君列传）

　　（267）魏公子无忌者，魏昭王子少子而魏安釐王异母弟也。（魏公子列传）

　　并列连词"而₁"的这种用法是特有的，考察其他文献未看到"而"用作并列连词复指身份的用例。"而₁"的这种连接内容有如下特点：

　　A. 并列连词"而₁"连接的前后两项所指为同一人，"而"前的内容表示被介绍者对于上辈人的身份，"而₁"后的内容表示被介绍者与同辈人的关系。[1]这样表述人物，脉络清晰，历时、共时地

---

[1] 仅有"昭子之弟而怀公子也"是特例。

定位人物身份。

　　B．这种格式出现在"本纪""世家""列传"相应卷目中，以人物为线索，高度概括人物身份和亲属关系。

　　C．复指身份之后，介绍与"而₁"前后内容相关的人物活动情况，便于接续事情由来，了解历史梗概。如《吴太伯世家》"吴太伯，太伯弟仲雍，皆周太王之子，而王季历之兄也"。"季历贤，而有圣子昌，太王欲立季历以及昌，于是太伯、仲雍二人乃犇荆蛮，文身断发，示不可用，以避季历。季历果立，是为王季，而昌为文王。"首先介绍人物关系，然后展开史实。这种叙述方式也是司马迁首创的。

　　5）"而₁"连接主谓结构，共出现 75 例，如：

　　（268）至今上即位数岁，汉兴七十余年之间，国家无事，非遇水旱之灾，民则人给家足，都鄙廪庾皆满，而府库余货财。（平准书）

　　（269）夫樗里疾善乎韩，而公孙衍善乎魏；楚必事秦，韩、魏恐，必因二人求合于秦，则燕、赵亦宜事秦。（楚世家）

　　（270）释帝而贷之以伐桀宋之事，国重而名尊，燕楚所以形服，天下莫敢不听，此汤武之举也。（田敬仲完世家）

　　（271）夫列在万乘而寄质于齐，名卑而权轻；奉万乘助齐伐宋，民劳而实费；夫破宋，残楚淮北，肥大齐，雠强而国害：此三者皆国之大败也。（苏秦列传）

　　（272）当是之时，东胡强而月氏盛。（匈奴列传）

　　（273）盖明者远见于未萌而智者避危于无形，祸固多藏于隐微而发于人之所忽者也。（司马相如列传）

　　（274）身死家室富，又恐受赇枉法，为奸触大罪，身死而家灭。（滑稽列传）

　　6）"而₁"连接名词性成分 4 例，如：

（275）夫蜀，西僻之国也，而戎翟之长也，有桀纣之乱。（张仪列传）

（276）夫齐，霸国之余业而最胜之遗事也。（乐毅列传）

（277）流汗者，法病内重，毛发而色泽，脉不衰，此亦内之病也。（扁鹊仓公列传）

7）"而₁"连接分句24例，如：

（278）居期而生子，以为不祥，弃之隘巷，马牛过者皆辟不践；徙置之林中，适会山林多人，迁之；而弃渠中冰上，飞鸟以其翼覆荐之。（周本纪）

（279）乐，乐其所自生；而礼，反其所自始。（乐书）

（280）月食始日，五月者六，六月者五，五月复六，六月者一，而五月者五，凡百一十三月而复始。（天官书）

（281）朔方、西河、河西、酒泉皆引河及川谷以溉田；而关中辅渠、灵轵引堵水；汝南、九江引淮；东海引钜定；泰山下引汶水：皆穿渠为溉田，各万余顷。（河渠书）

（282）乃告其舍人曰："必树吾墓上以梓，令可以为器；而抉吾眼悬吴东门之上，以观越寇之入灭吴也。"（伍子胥列传）

（283）穰侯，华阳君，昭王母宣太后之弟也；而泾阳君、高陵君皆昭王同母弟也。（范雎蔡泽列传）

（284）必秦国之所生然后可，则是夜光之璧不饰朝廷，犀象之器不为玩好，郑、卫之女不充后宫，而骏良䮭騠不实外厩，江南金锡不为用，西蜀丹青不为采。（李斯列传）

（285）北宫伯子以爱人长者；而赵同以星气幸，常为文帝参乘；邓通无伎能。（佞幸列传）

8）在《史记》中，还有一类"非……而₁……"格式，共5例：

（286）凡天下强国，非秦而楚，非楚而秦，两国交争，其势不

两立。（张仪列传）

（287）韩地险恶山居，五谷所生，非菽而麦，民之食大抵菽[饭]蘸羹。（张仪列传）

（288）非其德薄也，而形势弱也。（刘敬叔孙通列传）

（289）赵尧进请问曰："陛下所为不乐，非为赵王年少而戚夫人与吕后有郄邪？备万岁之后而赵王不能自全乎？"（张丞相列传）

（290）匈奴法，汉使非去节而以墨黥其面者不得入穹庐。（匈奴列传）

（286）（287）有"不是……就是……"的语义，表示选择；（288）有"不是……而是……"的语义，表示并列；（289）"非……而……"中的"而"表示"赵王年少"和"戚夫人与吕后有郄"并列，"非为"和"邪"表示"不是因为……吗"的语义；（290）中"而"连接"去节"和"以墨黥其面"并列结构，"非"修饰"……者"。以上5句，只有（288）（289）（290）中的"而"表示并列。

2. 并列连词"而"的语法化过程

"而"的本义是"胡须"，《说文解字》中解释为："而，颊毛也。"但这个本义早在先秦时期就已经不再使用，做虚词用的"而"是假借字。作为虚词，"而"首先用作代词，出现在后面分句的句首，所起的功能是复指前面的事物。如：

（291）斗廉衡陈其师于巴师之中，以战，而北。（左·桓公九年）

（292）楚公子元归自伐郑，而处王宫，斗射师谏，则执而梏之。（左·庄公三十年）

因为"而"做代词处在后面分句的句首，所以当"而"的意义进一步虚化，转而表示连词时，表示顺承关系，其位置还是处在后一分句的句首，顺承前一分句。如：

（293）初，公筑台临党氏，见孟任，从之。閟，而以夫人言许之。（左·庄公三十二年）

当顺承连词"而"连接前后项的时间不明确时,"而"就具有了并列连词的用法,连接的前后项也大多是谓词性成分,如:

(294)是岁,晋又饥,秦伯又饩之粟,曰:"吾怨其君而矜其民。且吾闻唐叔之封也,箕子曰:'其后必大。'晋其庸可冀乎!姑树德焉,以待能者。"(左·僖公十五年)

(295)冬,楚师侵卫,遂侵我,师于蜀。使臧孙往,辞曰:"楚远而久,固将退矣。无功而受名,臣不敢。"(左·成公二年)

并列连词"而"语法化的过程是:复指代词→顺承连词→并列连词。

(四)"以"

"以"在《史记》中用作并列连词,共出现27例,如:

(296)吴王于朕,兄也,惠仁以好德。(孝文本纪)

(297)是故其哀心感者,其声噍以杀;其乐心感者,其声啴以缓;其喜心感者,其声发以散;其怒心感者,其声粗以厉;其敬心感者,其声直以廉;其爱心感者,其声和以柔。(乐书)

(298)驺忌子曰:"夫大弦浊以春温者,君也;小弦廉折以清者,相也;攫之深,醳之愉者,政令也;钧谐以鸣,大小相益,回邪而不相害者,四时也:吾是以知其善也。"(田敬仲完世家)

(299)夫鲁,难伐之国,其城薄以卑,其地狭以泄,其君愚而不仁,大臣伪而无用,其士民又恶甲兵之事,此不可与战。(仲尼弟子列传)

"以"所连接的并列结构主要是形容词,如:

(300)是故治世之音安以乐,其正和;乱世之音怨以怒,其正乖;亡国之音哀以思,其民困。(乐书)

(301)夫敬以和,何事不行?(乐书)

（302）然吾语汝：恭以敬，可以执勇；宽以正，可以比众；恭正以静，可以报上。（仲尼弟子列传）

（303）夫吴，城高以厚，地广以深，甲坚以新，士选以饱，重器精兵尽在其中，又使明大夫守之，此易伐也。（仲尼弟子列传）

"以"所连接的并列结构以单音节为主，只是在《司马相如列传》中，"以"连接的前后项为双音联绵词：

（304）掉指桥以偄褰兮，又猗旎以招摇。（司马相如列传）

（305）红杳渺以眩湣兮，猋风涌而云浮。（司马相如列传）

此外，在《史记》中，出现了 1 例表示并列关系的"以及"的用例：

（306）且昔者简主不塞晋阳以及上党，而襄主并戎取代以攘诸胡，此愚智所明也。（赵世家）

（五）"且"

《史记》中，"且"作为并列连词的用法，共有 20 例。另外，"且……且……"格式共有 5 例。

1. 并列连词"且"的连接情况

并列连词"且"主要连接动词性词语或形容词，如：

（307）樊哙，帝之故人也，功多，且又乃吕后弟吕媭之夫，有亲且贵，帝以忿怒故，欲斩之，则恐后悔。（陈丞相世家）

（308）廉颇、蔺相如计曰："王不行，示赵弱且怯也。"（廉颇蔺相如列传）

（309）周贫且微，诸侯莫朝，而齐独朝之。（鲁仲连邹阳列传）

（310）王生曰："吾老且贱，自度终无益于张廷尉。张廷尉方今天下名臣，吾故聊辱廷尉，使跪结韤，欲以重之。"（张释之冯唐列传）

（311）其骑曰："虏多且近，即有急，奈何？"（李将军列传）

并列连词"且"也连接分句，如：

（312）好善而长，先君爱之；且近于秦，秦故好也。（晋世家）

（313）代王母家薄氏，君子长者；且代王又亲高帝子，于今见在，且最为长。（齐悼惠王世家）

（314）阏氏乃说冒顿曰："今得汉地，犹不能居；且两主不相厄。"（韩信卢绾列传）

（315）道远多乏食；且士卒不患战，患饥。（大宛列传）

2."且……且……"格式

在《史记》中，有5例"且……且……"的格式：

（316）黄帝且战且学仙。（孝武本纪）

（317）黄帝且战且学仙。（封禅书）

（318）居一二日，何来谒上，上且怒且喜，骂何曰："若亡，何也？"（淮阴侯列传）

（319）高祖已从豨军来，至，见信死，且喜且怜之，问："信死亦何言？"（淮阴侯列传）

（320）且引且战，连斗八日，还未到居延百余里，匈奴遮狭绝道，陵食乏而救兵不到，虏急击招降陵。（李将军列传）

并列格式"且……且……"沿用了先秦的用法，在《诗经》中已有"既……且……""洵……且……"的格式。

（六）"惟"

《史记》中，只有1例"惟"用作并列连词的例子：

（321）简信有众，惟讯有稽。（周本纪）

（七）"维"

《史记》中，没有"维"直接作为并列连词的用例，只有两句是复句形式的例子：

（322）天既讫我殷命，假人元龟，无敢知吉，非先王不相我后人，维王淫虐用自绝，故天弃我，不有安食，不虞知天性，不迪率典。（殷本纪）

（323）朕既不敏，常畏过行，以羞先帝之遗德；维年之久长，惧于不终。（孝文本纪）

（322）是"非……维……"的格式，表示的是"不是……而是……";（323）是"既……维……"的格式，表示的是"又……又……"的语义。

（八）"暨"（"臮"）

"暨"作为并列连词在《史记》中只出现 1 次：

（324）地东至海暨朝鲜，西至临洮、羌中，南至北向户，北据河为塞，并阴山至辽东。（秦始皇本纪）

"暨"，又作"臮"，在《史记》中只出现 1 次，用作并列连词：

（325）贡维土五色，羽畎夏狄，峄阳孤桐，泗滨浮磬，淮夷蚌珠臮鱼[1]，其篚玄纤缟。（夏本纪）

（九）"既（已）……又……"

《史记》中，没有"又"作为并列连词连接词语或分句的例子，但有 7 处"既（已）……又……"的格式，如：

（326）其既不能导，又以不正之法罪之，是反害于民为暴者也。

---

[1]《史记索隐》按：臮，古"暨"字。臮，与也。言夷人所居淮水之处，有此蚌珠与鱼也。

（孝文本纪）

（327）且朕既不德，无以佐百姓；今崩，又使重服久临，以离寒暑之数，哀人之父子，伤长幼之志，损其饮食，绝鬼神之祭祀，以重吾不德也，谓天下何！（孝文本纪）

（328）君子既得其养，又好其辨也。（礼书）

（329）若当居而不居，既已居之，又西东去，其国失土，不乃失女，不可举事用兵。（天官书）

（330）群儒既已不能辨明封禅事，又牵拘于《诗》《书》古文而不能骋。（封禅书）

（331）然既已贵如负言，又何说饿死？（绛侯周勃世家）

（332）既臣大夏而居，地肥饶，少寇，志安乐，又自以远汉，殊无报胡之心。（大宛列传）

（十）"亦……亦……"

《史记》中，有1例"亦……亦……"并列连词的用法：

（333）皋陶曰："然，於！亦行有九德，亦言其有德。"（夏本纪）

《史记》其他处出现"亦"时，没有用作并列连词的用法。

（十一）"有"

1. 《史记》中并列连词"有"连接的基本情况

《史记》中，"有"作为并列连词共出现63例。《史记》中的"有"大致可分为两种类型：

第一种类型是"有"的前后连接的是具体的数字，表示的是确定的数字。如：

（334）舜曰："嗟！女二十有二人，敬哉，惟时相天事。"（五帝本纪）

（335）朕临天下二十有八年，天若遗朕士而大通焉。（孝武本纪）

（336）及至五家、三代，绍而明之，内冠带，外夷狄，分中国为十有二州，仰则观象于天，俯则法类于地。（天官书）

（337）朕命将率徂征厥罪，万夫长，千夫长，三十有二君皆来，降期奔师。（三王世家）

（338）执卤获丑七万有四百四十三级，师率减什三，取食于敌，逴行殊远而粮不绝，以五千八百户益封骠骑将军。（卫将军骠骑列传）

（339）阴阳有分，不离四时，十有二月，日至为期。（龟策列传）

第二种类型是"有"连接的前项是数词，后项是"余"，表示的是概数，如：

（340）汉兴，至孝文四十有余载，德至盛也。（孝文本纪）

（341）《尚书》有唐虞之侯伯，历三代千有余载，自全以蕃卫天子，岂非笃于仁义，奉上法哉？汉兴，功臣受封者百有余人。（高祖功臣侯者年表）

（342）其后四十有余年，今天子元光之中，而河决于瓠子，东南注钜野，通于淮、泗。（河渠书）

（343）桓公十有余子，要其后立者五人：无诡立三月死，无谥；次孝公；次昭公；次懿公；次惠公。（齐太公世家）

（344）其后三百有余岁，戎狄攻大王亶父，亶父亡走岐下，而豳人悉从亶父而邑焉，作周。其后百有余岁，周西伯昌伐畎夷氏。后十有余年，武王伐纣而营雒邑，复居于酆鄗，放逐戎夷泾、洛之北，以时入贡，命曰"荒服"。其后二百有余年，周道衰，而穆王伐犬戎，得四白狼四白鹿以归。（匈奴列传）

这时，"有"连接的前项为"十""百""千"等，在"有"之后用"余"表示虚指。

2.《史记》中并列连词"有"使用的说明

《史记》中有这样一些句子，数字之间没有用"有"来连接，如：

（345）项王乃复引兵而东，至东城，乃有二十八骑。（项羽本纪）

（346）及田常卒，有七十余男。（田敬仲完世家）

（347）后百余年而有晏子焉。（管晏列传）

（348）安国君有子二十余人。（吕不韦列传）

（349）始皇有二十余子，长子扶苏以数直谏上，上使监兵上郡，蒙恬为将。（李斯列传）

以上这些句子，数字的层级之间没有使用"有"，与现代汉语表示方法无异。

但考察这些句子，在每句话的数词之前，又大都有"有"来陈述，所以，我们认为，在《史记》时代，"有"虽然也可以连接数词，表示层级，但这种方式是古代用法的残留。在"有"主要表达"存在"等语义的句子中，为了避免重叠及混淆，在此类句子中数词层级之间的连接不再使用"有"。我们找到在同一篇章出现的类似的句子：

（350）初，田婴有子四十余人。（孟尝君列传）

（351）文常好客，遇客无所敢失，食客三千有余人，先生所知也。（孟尝君列传）

这里"四十余人"中间没有"有"，原因可能是前面出现了"有"。从下面一句来看，"三千有余"后面也出现了"人"，这时"三千"和"余"之间也有"有"连接。所以，在数字之前有"有"字出现，是导致数字和"余"之间没有"有"的原因。

在《史记》中有这样一句：

（352）是后六十有五年，而山戎越燕而伐齐，齐釐公与战于齐郊。其后四十四年，而山戎伐燕。（匈奴列传）

从前后相连的这两句可以看出，"有"在数词之间不是必需的。前句"六十有五年"，后句"四十四年"，一句有，一句没有，而且前后句紧相连。在"四十四年"的前后，也没有"有"出现。

"有"连接数词只是一种古语方法的沿用。

（十二）"若"

《史记》中，"若"作为并列连词共有 7 例，表示"和"：

（353）故其泽流枝庶，毋功而侯者数人。及孝惠讫孝景间五十载，追修高祖时遗功臣，及从代来，吴楚之劳，诸侯子弟若肺腑，外国归义，封者九十有余。（惠景间侯者年表）

（354）其角动，乍小乍大，若色数变，人主有忧。（天官书）

（355）海神曰："以令名男子若振女与百工之事，即得之矣。"（淮南衡山列传）

（356）其不事学若下材及不能通一蓺，辄罢之，而请诸不称者罚。（儒林列传）

（357）卜有卖若买臣妾马牛。（龟策列传）

（358）通邑大都，酤一岁千酿，醯酱千瓨，浆千甔，屠牛羊彘千皮，贩谷粜千钟，薪槀千车，船长千丈，木千章，竹竿万个，其轺车百乘，牛车千两，木器髹者千枚，铜器千钧，素木铁器若巵茜千石，马蹄躈千，牛千足，羊彘千双，僮手指千，筋角丹沙千斤，其帛絮细布千钧，文采千匹，榻布皮革千石，漆千斗，蘖麹盐豉千荅，鲐鳖千斤，鲰千石，鲍千钧，枣栗千石者三之，狐貂裘千皮，羔羊裘千石，旃席千具，佗果菜千钟，子贷金钱千贯，节驵会，贪贾三之，廉贾五之，此亦比千乘之家，其大率也。（货殖列传）

从以上的例子中可以看出，"若"作为并列连词，连接前后项的程度较轻，在某种意义上可以理解为"或"。

三、小结

考察《史记》中的并列连词，有如下结论。

1. 《史记》中主要的并列连词有 20 个，单音连词 17 个，复音连词 3 个，单音并列连词占优势。这些并列连词，都是先秦时期产生的，西汉继续沿用。这些并列连词，如"与""及""而"等，构成了《史记》中并列连词的主要部分，一直保留至现代汉语之中。有些连词和格式逐渐被淘汰，如"㞟""既……且……"，后世不再使用；有些使用范围受限，如"暨"只出现在书面语中。

2. 《史记》中并列连词的使用以单音连词为主，复音连词"与其""及其"在《史记》中有用例，考察"与（及）其……""其……与（及）……""其……与（及）其……"在《左传》和《史记》中出现的情况，得出使用情况相同、所占百分比相近的结论。

3. 语法功能延续先秦的分工，"与""及"主要连接名词性成分，"而"主要连接谓词性成分。"而"连接前后项复指人物身份是《史记》所特有的。

4. 并列连词产生的方式绝大多数是虚化产生的，仅"及其""与其"是附加，"以及"为复合。

第三章 顺承连词

《马氏文通·虚字卷·承接连字》中提出，"承接连字者，所以承接上下之文，而概施于句读之中也"，"承接连字，惟'而''则'两字，经籍中最习见"。承接连词可分为两类，一类是"顺承连词"，一类是"转承连词"。[1]

顺承连词一般连接动词性词语，表示两个动作行为时间上的顺承关系。它分为连接词语和连接分句两种形式。

一、顺承连词研究的基本情况

顺承连词产生较早，在甲骨文中就已经在使用了。古汉语中，顺承连词主要有"乃""而""故""则""遂""于是"等，这些词多数都是副词兼连词，所以对于顺承连词的探讨大多围绕副词与连词的界定、词组与连词的区分等方面展开。如：段德森[2]、张鹏[3]、赵运普[4]、饶贵平[5]、孙秀青[6]、王祖姝[7]、张军[8]、唐道雄[9]等都

---

[1] 转承连词表示承前另提一个话题，也称为"提起连词""他转"。

[2] 段德森. 副词转化为连词浅说. 古汉语研究，1991 年第 1 期.

[3] 张鹏. 古汉语"因"的语法化. 遵义师范学院学报，2007 年第 1 期.

[4] 赵运普. 说"于是"——兼谈顺承、因果复句的划界. 新乡师范高等专科学校学报，2001 年第 7 期.

[5] 饶贵平. 古汉语"则"的语法化. 宜宾学院学报，2009 年第 1 期.

[6] 孙秀青. 古汉语"故"的语法化探究，科教文汇（上旬刊），2008 年第 7 期.

[7] 王祖姝. 试论连词"于是"的承接方式及其作用. 湖北大学学报，1999 年第 3 期.

[8] 张军. "于（于）是"在古籍中的用法. 辽宁大学学报（哲学社会科学版），1980 年第 2 期.

[9] 唐道雄. "至·于·至于"辨略. 湖南科技大学学报，1987 年第 3 期.

对副词与连词的关系，以及顺承连词语法化的过程进行了探讨。

另外，姜晓[1]、尹君[2]以及做专书连词研究的硕士、博士都对顺承连词进行了很好的梳理。

二、《史记》中的顺承连词

《史记》中的顺承连词是一个大类，其数量多，用例总量多。《史记》中单音顺承连词有而、以、若、如、则、遂、乃、故、因、即，复音顺承连词有而后、后而、已而、而复、而又、而遂、既而、而乃、于是、于是乃、于是遂、于是乎、因遂、乃遂、乃因、故遂、因而、然后、以至、以至于、然则，共计 31 个。《史记》中顺承连词使用情况见表 3.1～表 3.4。

表 3.1　《史记》中顺承连词使用情况

顺承连词	相关数据	顺承连词使用次数	占顺承连词总量百分比（%）
而	而	438	11.91
	而后	75	2.04
	后而	4	0.11
	已而	100	2.72
	而复	15	0.41
	而又	2	0.05
	而遂	9	0.24
	既而	2	0.05
	而乃	1	0.03
以		151	4.11

[1] 姜晓. 浅议《诗经》虚词"言". 海南大学学报，2003 年第 3 期.
[2] 尹君.《论语》中"则"的使用情况. 辽宁师专学报，2006 年第 2 期.

顺承连词	相关数据	顺承连词使用次数	占顺承连词总量百分比（%）
若		6	0.16
如		4	0.11
于是	于是	282	7.67
	于是乃	47	1.28
	于是遂	15	0.41
	于是乎	1	0.03
则		53	1.44
遂	遂	498	13.54
	因遂	2	0.05
乃	乃	1290	35.08
	乃遂	27	0.73
	乃因	3	0.08
故	故	252	6.85
	故遂	6	0.16
因	因	179	4.87
	因而	8	0.22
然后		40	1.09
以至	以至	15	0.41
	以至于	9	0.24
即		141	3.83
然则		2	0.05
共计		3677	100

表 3.2　《史记》中单音顺承连词使用情况

相关数据 单音顺承连词	单音顺承连词使用次数	占单音顺承连词总量百分比（%）
而	438	14.54
以	151	5.01
若	6	0.20
如	4	0.13
则	53	1.76
遂	498	16.53
乃	1290	42.83
故	252	8.37
因	179	5.94
即	141	4.68
共计	3012	100

表 3.3　《史记》中复音顺承连词使用情况

相关数据 复音顺承连词	复音顺承连词使用次数	占复音顺承连词总量百分比（%）
而后	75	11.28
后而	4	0.60
已而	100	15.04
而复	15	2.26
而又	2	0.30
而遂	9	1.35
既而	2	0.30
而乃	1	0.15
于是	282	42.41

相关数据 复音顺承连词	复音顺承连词使用次数	占复音顺承连词总量百分比（％）
于是乃	47	7.07
于是遂	15	2.26
于是乎	1	0.15
因遂	2	0.30
乃遂	27	4.06
乃因	3	0.45
故遂	6	0.90
因而	8	1.20
然后	40	6.02
以至	15	2.26
以至于	9	1.35
然则	2	0.30
共计	665	100

表 3.4　《史记》中单音顺承连词、复音顺承连词比例

相关数据 顺承连词	出现次数	占顺承连词总量百分比（％）
单音顺承连词	3012	81.91
复音顺承连词	665	18.09
共计	3677	100

　　顺承连词是《史记》中使用连词数量最多的一类连词，也是最复杂的一类连词。《史记》中顺承连词共 31 个，其中单音顺承连词 10 个，复音顺承连词 21 个。

单音顺承连词使用数量最多的是"乃"，共出现 1290 例，占单音顺承连词总数的 42.83%；其次是"遂"，共出现 498 例，占单音顺承连词总数的 16.53%；再次是"而"，共出现 438 例，占单音顺承连词总数的 14.54%。复音顺承连词使用数量最多的是"于是"，共出现 282 例，占复音顺承连词总量的 42.41%；其次是"已而"，共出现 100 例，占复音顺承连词总量的 15.04%；再次是"而后"，共出现 75 例，占复音顺承连词总量的 11.28%。

由"而"组成的复音顺承连词数量最多，共有 8 个："而后""后而""已而""而复""而又""而遂""既而""而乃"。

双音顺承连词"于是"加上词缀后构成三音节顺承连词"于是乃""于是遂""于是乎"。

（一）"而"类顺承连词

"而"类的顺承连词有："而""而后""后而""已……而……""已而""而复""而又""而遂""既而""而乃"。

1. 顺承连词"而"使用的基本情况

"而"作为顺承连词，在《史记》中既可以连接词语，也可以连接分句。

1）连接动词。

（1）籍曰："彼可取而代也。"（项羽本纪）

（2）樊哙覆其盾于地，加彘肩上，拔剑切而啗之。（项羽本纪）

（3）后有君子，欲推而列之，得以览焉。（高祖功臣侯者年表）

（4）牛者，冒也，言地虽冻，能冒而生也。（律书）

（5）门开而入，枕公尸而哭，三踊而出。（齐太公世家）

（6）十八年，楚人有好以弱弓微缴加归雁之上者，顷襄王闻，召而问之。（楚世家）

（7）吴王追而围之。（越王勾践世家）

（8）汉王心惨然，怜薄姬，是日召而幸之。（外戚世家）

（9）其语闳大不经，必先验小物，推而大之，至于无垠。（孟子荀卿列传）

（10）先序今以上至黄帝，学者所共术，大并世盛衰，因载其禨祥度制，推而远之，至天地未生，窈冥不可考而原也。（孟子荀卿列传）

2）"而"连接短语。

（11）于是舜归而言于帝，请流共工于幽陵，以变北狄；放驩兜于崇山，以变南蛮；迁三苗于三危，以变西戎；殛鲧于羽山，以变东夷：四罪而天下咸服。（五帝本纪）

（12）舜父瞽叟盲，而舜母死，瞽叟更娶妻而生象，象傲。（五帝本纪）

（13）姜原出野，见巨人迹，心忻然说，欲践之，践之而身动如孕者。（周本纪）

（14）纥与颜氏女野合而生孔子，祷于尼丘得孔子。（孔子世家）

（15）秦人开关而延敌，九国之师逡逃而不敢进。（陈涉世家）

（16）窃从长老好故事者取其封策书，编列其事而传之，令后世得观贤主之指意。（三王世家）

（17）秦使车适入齐境，使还驰告之，王召孟尝君而复其相位，而与其故邑之地，又益以千户。（孟尝君列传）

3）"而"连接分句。

（18）帝喾崩，而挚代立。帝挚立，不善，而弟放勋立，是为帝尧。（五帝本纪）

（19）讙兜进言共工，尧曰不可，而试之工师，共工果淫辟。（五帝本纪）

（20）地气上隮，天气下降，阴阳相摩，天地相荡，鼓之以雷霆，

奋之以风雨，动之以四时，煖之以日月，而百化兴焉，如此则乐者
天地之和也。（乐书）

（21）二世元年，东巡碣石，并海南，历泰山，至会稽，皆礼祠
之，而刻勒始皇所立石书旁，以章始皇之功德。（封禅书）

（22）齐田单后与骑劫战，果设诈诳燕军，遂破骑劫于即墨下，
而转战逐燕，北至河上，尽复得齐城，而迎襄王于莒，入于临菑。
（乐毅列传）

（23）今君乃亡赵走燕，燕畏赵，其势必不敢留君，而束君归赵
矣。（廉颇蔺相如列传）

（24）高后崩，诸吕无道，大臣诛之，而废鲁元王及乐昌侯、信
诸侯。（张耳陈馀列传）

2. 顺承连词"而"语法化过程

蓝鹰（1990）认为"而"做承接连词是由指示代词发展而来的，
并认为"而"虚化为连词的基本作用是承接，随上下句文意的不同
而有了不同用法。蓝文所举"而"做指示代词时可能演化的例子仅
两条：

（25）人之有能有为，使羞其行，而邦其昌。（尚·周书·洪范）

（26）九月甲申，公孙敖卒于齐。奔大夫不言卒，而言卒，何也？
（谷·文公十四年）

蓝鹰认为这两条中的"而"都是在句中做主语，复指前面分句
的内容。并说："出现在句首的指代词……如果没有实在的指代意味，
它就起着连接作用。"[1]

席嘉认为，"蓝鹰对连词'而'来源于指示代词的看法是一种合
理的推测"，"'而'做连词的各种语法功能上古时期基本都已出现，
以承接为基本用法，演化出其他功能，是一种比较合理的途径；而

---

[1] 蓝鹰. 上古单音连词考原——从逻辑义类角度的考察. 人大复印资料，1990 年
第 7 期.

承接在'而'的各种关联功能中又是最有可能由指示代词演化而来的"，但"'而'做指示代词的使用率不仅与'高频使用'这一产生语法化的条件不合，与先秦'而'做连词大量使用的情况似乎也不够谐调。因此连词'而'来源于指示代词说尽管从理论上说是合理的，也还有进一步探讨的余地"。[1]

3."而后""后而""已……而""已而"

顺承连词表示动作或事件在时间上的先后顺序，所以在《史记》中也出现了一系列表示时间的标志性词语。

1)"而后"。复音词"而后"在史记中共出现 75 次，见表 3.5。

表 3.5　《史记》中"而后"出现情况

类　型 ＼ 出现次数及比例	出现次数	占"而后"总数的百分比（%）
连词"而"+动词"后"	2	2.66
"前（先）"+连词"而"+名词"后"	23	30.67
连词"而"+名词"后"	21	28.00
顺承连词"而后"	29	38.67
共计	75	100

《史记》中，"而后"之前有"前（先）"作为标记的例子在数量上虽然没有顺承连词"而后"多，但多于没有"前（先）"为标记的句子。

陈宝勤（1994）[2]认为："'而后'由两个词的连用到凝固为固定结构，经过了一次重新组合过程。""'后'本来是同它后面的谓词性中心语结合，作谓词性中心语的状语，但由于'后'经常处于连词'而'之后，并且'而'连接的前个谓语又无状语'先''前'与

[1] 席嘉. 近代汉语连词. 中国社会科学出版社，2010 年.

[2] 陈宝勤. 试论"而后""而已""而况""而且""既而""俄而""然而". 沈阳大学学报，1994 年第 3 期.

其对举，于是'后'逐渐由和后边的谓词中心语组合而向与前面的连词'而'组合转化，'而后'终于发生重新组合后，再经过凝固而成为标志承接语义关系的固定结构。"

"而后"属于"连词+动词"的连用，"而"表示承接，所连接的前后两个动作行为具有时间上的先后顺序，由于经常在一起使用，并且随着汉语双音节化发展的趋势，逐渐黏合成"而后"的形式。"而"常常和表示时间的词连用构成固定形式，如"俄而""既而"等，也是如此。[1]

根据陈宝勤[2]的研究，"'而后'在《论语》与《孟子》中还是两个词的连用，在《荀子》中已有 24 例凝固为标志承接语义关系的凝固结构了"。如：

（27）真积力久则入，学至乎没而后止也。（劝学）

以下来分析《史记》中的"而后"结构：

A.《史记》中"连词'而'+动词'后'"的例子：

（28）召军正问曰："军法期而后至者云何？"（司马穰苴列传）

（29）原大王孰察卞和、李斯之意，而后楚王、胡亥之听，无使臣为箕子、接舆所笑。（鲁仲连邹阳列传）

B."'前（先）'+连词'而'+名词'后'"的例子：

（30）且先出地而后绝齐，则秦计不为。先绝齐而后责地，则必见欺于张仪。（楚世家）

（31）公必先韩而后秦，先身而后张仪。（韩世家）

（32）勃曰："失火之家，岂暇先言大人而后救火乎！"（齐悼惠王世家）

C."连词'而'+名词'后'"的例子：

---

[1] 白钰.《荀子》连词的语法化初探. 首都师范大学学位论文，2007 年.

[2] 陈宝勤.《论语》中的"而后""而已""既而""然而". 电大语文，1992 年第 11 期.

（33）武王自射之，三发而后下车，以轻剑击之，以黄钺斩纣头，悬大白之旗。（周本纪）

（34）民或祝诅上以相约结而后相谩，吏以为大逆，其有他言，而吏又以为诽谤。（孝文本纪）

（35）六者非性也，感于物而后动，是故先王慎所以感之。（乐书）

（36）而相工本谓之当为侯代父，而后失之；复自游宦而起，至丞相。（张丞相列传）

（37）汉使还，而后发使随汉使来观汉广大，以大鸟卵及黎轩善眩人献于汉。（大宛列传）

D.《史记》中顺承连词"而后"的例子：

（38）故天子听政，使公卿至于列士献诗，瞽献曲，史献书，师箴，瞍赋，矇诵，百工谏，庶人传语，近臣尽规，亲戚补察，瞽史教诲，耆艾修之，而后王斟酌焉，是以事行而不悖。（周本纪）

（39）不如私许曹、卫以诱之，执宛春以怒楚，既战而后图之。（晋世家）

（40）敬秦以为名，而后使天下憎之，此所谓以卑为尊者也。（田敬仲完世家）

（41）夫待死而后可以立忠成名，是微子不足仁，孔子不足圣，管仲不足大也。（范雎蔡泽列传）

（42）欲归燕，已有隙，恐诛；欲降齐，所杀虏于齐甚众，恐已降而后见辱。（鲁仲连邹阳列传）

"而后"的这种格式，从连接的情况来看，如果在"而"前出现了"先"，那么"而"与"后"的连接程度要次于没有"先"的句子。如上，"先绝齐"与"后责地"，"先韩"与"后秦"，"先身"与"后张仪"，"先言大人"与"后救火"是对应的，这里的连词"而"作为单音连词独立性更强一些。而在"待死而后可以立忠成名""恐已降而后见辱"中，"而后"之间的连接更紧密一些。

E. 对于复音词组"而后"的两点说明。

a.《史记》"而后"结构中的"前""后"除延续先秦用法表示时间外，还可以表示方位，如：

（43）蚩尤之旗，类彗而后曲，象旗。（天官书）

（44）前卑而后高者，疾；前方而后高者，兑；后兑而卑者，却。（天官书）

（45）前高而后卑者，不止而反。（天官书）

（46）左玄冥而右含雷兮，前陆离而后滴湟。（司马相如列传）

（47）祝融惊而跸御兮，清雰气而后行。（司马相如列传）

以上句子主要出现在《天官书》和《司马相如列传》中。考察《左传》《论语》《孟子》《淮南子》《盐铁论》《论衡》，"而后"句式中如果出现"前""先""后"，均不表示方位，表示方位的情况应是《史记》特有的。

b."而"连接的前项是数量词，而非谓语成分[1]：

（48）匈奴围我平城，七日而后罢去。（高祖本纪）

（49）鲁公伯禽之初受封之鲁，三年而后报政周公。（鲁周公世家）

（50）悉取将军之资粮享士卒，身与士卒平分粮食，最比其羸弱者，三日而后勒兵。（司马穰苴列传）

（51）王休甲息众，二年而后复之；又并蒲、衍、首、垣，以临仁、平丘，黄、济阳婴城而魏氏服；王又割濮暦之北，注齐秦之要，

---

[1] 陈宝勤认为"而后"结构中，"而"前连接的谓语成分包括动词或动词性结构、主谓结构、省略了主语的谓语以及名词性谓语。见于《试论"而后""而已""而况""而且""既而""俄而""然而"》（沈阳大学学报，1994 年第 3 期）。

绝楚赵之脊，天下五合六聚而不敢救。（春申君列传）

这种结构，《左传》中有 2 例：

（52）祸未歇也，必三年而后能纾。（襄公二十九年）

（53）梓慎望氛曰："今兹宋有乱，国几亡，三年而后弭。蔡有大丧。"（昭公二十年）

《孟子》中仅见 1 例：

（54）且以文王之德，百年而后崩，犹未洽于天下；武王、周公继之，然后大行。（公孙丑上）

《淮南子》中仅见 1 例：

（55）蔡蒮之生，蛧蛧然日加数寸，不可以为栌栋；楩柟豫章之生也，七年而后知，故可以为棺舟。（修务训）

《论语》《盐铁论》《论衡》中未见用例。

我们认为，这类结构中的"而后"并不是连词"而"+名词"后"，而是已经凝固为表示顺承关系的连词。

2）"后而"。在"而"连接的表示顺承关系的两项中，时间先后顺序是表达的一个主要方面，除了"前（先）……而后……"，在另外一些句子中，又出现了"……后而……"的格式，共 4 例：

（56）天下未集，群公惧，穆卜，周公乃祓斋，自为质，欲代武王，武王有瘳。后而崩，太子诵代立，是为成王。（周本纪）

（57）静公二年，魏武侯、韩哀侯、赵敬侯灭晋后而三分其地。（晋世家）

（58）三年，三晋灭晋后而分其地。（田敬仲完世家）

（59）怀王曰："许仪而得黔中，美利也。后而倍之，不可。"（张仪列传）

复音连词"后而"使用明显没有"而后"多，属于新产生的一个复音连词，《左传》《论语》《孟子》《盐铁论》《论衡》中均未见用例。

复音顺承连词"后而"是由"后……而……"位置逐渐接近、凝固而成。同一篇、同一动词使用时，可以见到这两种表述方式：

（60）诗人道西伯，盖受命之年称王而断虞芮之讼。后十年而崩，谥为文王。（周本纪）

对比（56）句，这里用"后……而……"表示。

也有只用"而"，或连"而"都不用来表示的：

（61）先轸曰："执曹伯，分曹、卫地以与宋，楚急曹、卫，其势宜释宋。"（晋世家）

（62）十二年，晋之宗家祁傒孙，叔向子，相恶于君。六卿欲弱公室，乃遂以法尽灭其族。而分其邑为十县，各令其子为大夫。（晋世家）

（63）田襄子既相齐宣公，三晋杀知伯，分其地。（田敬仲完世家）

（64）淖齿遂杀湣王而与燕共分齐之侵地卤器。（田敬仲完世家）

对比（58）（59）句，动词是"分"，语义是一致的，但都未用"后而"。

用其他连词来表述：

（65）哀王于是乃倍从约而因仪请成于秦。（张仪列传）

对比（60）句，这里使用顺承连词"于是乃"来连接主语和谓语。

3）"已而"。《史记》中，有"已而"的形式出现，做顺承连词，表示某一事刚完，不久又发生另一事，两事相隔极近，时间上有先后关系。做顺承连词，共出现100次，如：

（66）十年，楚庄王围郑，郑伯降，已而复之。（周本纪）

（67）秦初并天下，令丞相、御史曰："异日韩王纳地效玺，请为藩臣，已而倍约，与赵、魏合从畔秦，故兴兵诛之，虏其王。寡人以为善，庶几息兵革。赵王使其相李牧来约盟，故归其质子。已而倍盟，反我太原，故兴兵诛之，得其王。赵公子嘉乃自立为代王，故举兵击灭之。魏王始约服入秦，已而与韩、赵谋袭秦，秦兵吏诛，遂破之。荆王献青阳以西，已而畔约，击我南郡，故发兵诛，得其王，遂定其荆地。……"（秦始皇本纪）

（68）遂不使治病，赐金五十斤罢之。已而吕后问："陛下百岁后，萧相国即死，令谁代之？"上曰："曹参可。"（高祖本纪）

（69）鲁将盟，曹沫以匕首劫桓公于坛上，曰："反鲁之侵地！"桓公许之。已而曹沫去匕首，北面就臣位。（齐太公世家）

（70）齐桓公怒，伐蔡；蔡溃，遂虏缪侯，南至楚邵陵。已而诸侯为蔡谢齐，齐侯归蔡侯。（管蔡世家）

（71）春申君死而荀卿废，因家兰陵。李斯尝为弟子，已而相秦。（孟子荀卿列传）

（72）其同舍有告归，误持同舍郎金去，已而金主觉，妄意不疑，不疑谢有之，买金偿。（万石张叔列传）

另外，还可以用"已"组成"已……而……"的格式表示时间的先后顺序，这种格式出现 18 例，如：

（73）及至，已立，而使丕郑谢秦，背约不与河西城，而杀里克。（秦本纪）

（74）今皆已夷灭诸吕，而置所立，即长用事，吾属无类矣。（吕太后本纪）

（75）康后闻文成已死，而欲自媚于上，乃遣栾大因乐成侯求见言方。（封禅书）

（76）于是武王已平商而王天下，封师尚父于齐营丘。（齐太公世家）

（77）十三年，鲁庄公与曹沫会齐桓公于柯，曹沫劫齐桓公，求鲁侵地，已盟而释桓公。（鲁周公世家）

（78）太子之立，诸侯皆已知之，而数将兵，百姓附之，奈何以贱妾之故废適立庶？（晋世家）

（79）于是楚王已得张仪而重出黔中地与秦，欲许之。（张仪列传）

（80）野兽已尽而猎狗亨。（淮阴侯列传）

（81）常自称曰："已倍亲而仕，身固当奉职死节官下，终不顾妻子矣。"（酷吏列传）

（82）其民羯羠不均，自全晋之时固已患其僄悍，而武灵王益厉之，其谣俗犹有赵之风也。（货殖列传）

"已"是副词，表示一件事情的完结；"而"表示另一事情的开始，顺承引起下文。"已……而……"逐渐靠近、凝固，形成表示时间顺承的复音连词"已而"。这种可能性的施行依赖于"已"后成分不复杂、音节简单，多是动词或动词性成分，如上例中的"立""死""知之"等。

4．"而复""而又"的形式

《史记》中还有"而复"用作顺承连词，共出现15例，如：

（83）三王之道若循环，终而复始。（高祖本纪）

（84）故曰音始于宫，穷于角；数始于一，终于十，成于三；气始于冬至，周而复生。（律书）

（85）其已入三日又复微出，出三日而复盛入，其下国有忧；师有粮食兵革，遗人用之；卒虽众，将为人虏。（天官书）

（86）天增授皇帝太元神策，周而复始。（封禅书）

（87）厥于是言赵武，而复与故赵氏田邑，续赵氏祀。（韩世家）

（88）吕不韦乃以五百金与子楚，为进用，结宾客；而复以五百金买奇物玩好，自奉而西游秦，求见华阳夫人姊，而皆以其物献华阳夫人。（吕不韦列传）

（89）有白马将出护其兵，李广上马与十余骑犇射杀胡白马将，而复还至其骑中，解鞍，令士皆纵马卧。（李将军列传）

（90）两军之出塞，塞阅官及私马凡十四万匹，而复入塞者不满三万匹。（卫将军骠骑列传）

"而"是连词，"复"是副词，"而"在句中是顺承连词，逐渐与"复"联合，凝固成一个复音连词表示顺承关系。从连接的前后项来看，一方面表示"再次开始"的语义；另一方面表示"进一步""进而"的语义。

《史记》中，复音顺承连词"而又"出现 2 例，如：

（91）其赞飨曰："天始以宝鼎神策授皇帝，朔而又朔，终而复始，皇帝敬拜见焉。"（孝武本纪）

"而又"少于"而复"用例。"而又"大多表示递进关系，这与副词"又"表示"进一步""再一次"有关；而"复"有"重复"的语义，所以多用于顺承关系，表示新的开始。

5. "而遂"

连词"而"和连词"遂"组成复音顺承连词"而遂"，表示"于是"，共出现 9 例，如：

（92）当此之世，贤智并列，良将行其师，贤相通其谋，然困于阻险而不能进，秦乃延入战而为之开关，百万之徒逃北而遂坏。（秦始皇本纪）

（93）汉有天下太半，而诸侯皆附之。楚兵罢食尽，此天亡楚之时也，不如因其机而遂取之。（项羽本纪）

（94）厉公多外嬖姬，归，欲尽去群大夫而立诸姬兄弟。宠姬兄曰胥童，尝与郤至有怨，及栾书又怨郤至不用其计而遂败楚，乃使人间谢楚。（晋世家）

（95）身所服者七十余城，功已成矣，而遂赐剑死于杜邮。（范雎蔡泽列传）

（96）九月，夷嫪毒三族，杀太后所生两子，而遂迁太后于雍。（吕不韦列传）

"而遂"并不是西汉新产生的复音连词，《左传》中已有用例，共出现10次，如：

（97）秋，郑伯因栎人杀檀伯，而遂居栎。（桓公十五年）

（98）于郑子国之来聘也，四月，晏弱城东阳，而遂围莱。（襄公六年）

（99）膳宰屠蒯趋入，请佐公使尊，许之。而遂酌以饮工，曰："女为君耳，将司聪也。辰在子卯，谓之疾日。君彻宴乐，学人舍业，为疾故也。君之卿佐，是谓股肱。股肱或亏，何痛如之？女弗闻而乐，是不聪也。"（昭公九年）

（100）故叔仲小、南蒯、公子憗谋季氏。憗告公，而遂从公如晋。（昭公十二年）

《孟子》中出现2例：

（101）景子曰："否，非此之谓也。礼曰，'父召，无诺；君命召，不俟驾。'固将朝也，闻王命而遂不果，宜与夫礼若不相似然。"（公孙丑下）

（102）子之兄弟事之数十年，师死而遂倍之！（滕文公上）

《论衡》中出现1例：

（103）不遭光武论，千世之后，孝文之事，载在经艺之上，人不知其增，居明光宫，断狱三人，而遂为实事也。（艺增篇）

《论语》《盐铁论》中没有用例。

由此可见，复音顺承连词"而遂"从先秦使用到西汉。

6. "既而"

《史记》中，只有2例"既而"，表示"……之后""不久"，做顺承连词：

（104）既而归，其妻请去。（管晏列传）

（105）既而弥子之母病，人闻，往夜告之，弥子矫驾君车而出。（老子韩非列传）

7."而乃"

"而乃"是连词"而"和连词"乃"形成的顺承连词，在《史记》中共出现1例：

（106）子楚笑曰："且自大君之门，而乃大吾门！"（吕不韦列传）

8. 对于顺承连词"而"连接成分表示语义的说明

《史记》中有一些"而"做顺承连词的句子，如：

（107）十一年，周太史儋见献公曰："周故与秦国合而别，别五百岁复合，合十七岁而霸王出。"（秦本纪）

（108）秦始与周合，合而离，五百岁当复合，合十七年而霸王出焉。（封禅书）

（109）物盛而衰，固其变也。（平准书）

（110）孟尝君不西则已，西入相秦则天下归之，秦为雄而齐为雌，雌则临淄、即墨危矣。（孟尝君列传）

（111）臣知今日言之于前而明日伏诛于后，然臣不敢避也。（范雎蔡泽列传）

（112）故曰酒极则乱，乐极则悲；万事尽然，言不可极，极之而衰。（滑稽列传）

以上句子中虽然"而"连接的前后两项语义似相反，但我们认为看似相反的两项是相对应的关系，所以这种情况我们也认为是顺承，而非转折关系。

（二）"以"

"以"作为顺承连词在《史记》中出现的频率明显低于"而"，共有151例，如：

（113）长子太伯、虞仲知古公欲立季历以传昌，乃二人亡如荆

蛮，文身断发，以让季历。（周本纪）

（114）及如荀卿、孟子、公孙固、韩非之徒，各往往捃摭《春秋》之文以著书，不可胜纪。（十二诸侯年表）

（115）将军市被及百姓反攻太子平，将军市被死，以徇。（燕召公世家）

（116）六国从亲以宾秦，则秦甲必不敢出于函谷以害山东矣。（苏秦列传）

（117）今王西面而事秦以攻楚，秦王必喜。（张仪列传）

《史记》中顺承连词"以"的使用情况如下。

1）《史记》中，"以"作为顺承连词连接单音动词的例子很少，只有以下几例：

（118）人或说项王曰："关中阻山河四塞，地肥饶，可都以霸。"（项羽本纪）

（119）杨熊走之荥阳，二世使使者斩以徇。（高祖本纪）

（120）子我夕，田逆杀人，逢之，遂捕以入。（齐太公世家）

2）《史记》中，"以"有作为顺承连词连接短语的例子：

（121）秦割齐以啖晋、楚，晋、楚案之以兵，秦反受敌。（穰侯列传）

（122）于是魏人范雎自谓张禄先生，讥穰侯之伐齐，乃越三晋以攻齐也，以此时奸说秦昭王。（穰侯列传）

（123）自屈原沈汨罗后百有余年，汉有贾生，为长沙王太傅，过湘水，投书以吊屈原。（屈原贾生列传）

（124）使者往，燕辄杀之以求地。（张耳陈馀列传）

（125）夫力耕桑以求衣食，筑城郭以自备，故其民急则不习战功，缓则罢于作业。（匈奴列传）

（126）还过宜春宫，相如奏赋以哀二世行失也。（司马相如列传）

3）《史记》中，"以"有作为顺承连词连接分句的例子：

（127）于是舜归而言于帝，请流共工于幽陵，以变北狄；放驩兜于崇山，以变南蛮；迁三苗于三危，以变西戎；殛鲧于羽山，以变东夷：四罪而天下咸服。（五帝本纪）

（128）至于尧，尧未能举。舜举八恺，使主后土，以揆百事，莫不时序。（五帝本纪）

（129）于是废先王之道，燔百家之言，以愚黔首。堕名城，杀豪俊，收天下之兵聚之咸阳，销锋镝，铸以为金人十二，以弱天下之民。（陈涉世家）

（130）乃夜为狗，以入秦宫臧中，取所献狐白裘至，以献秦王幸姬。（孟尝君列传）

（131）将在外，主令有所不受，以便国家。（魏公子列传）

（132）今臣至，大王见臣列观，礼节甚倨；得璧，传之美人，以戏弄臣。（廉颇蔺相如列传）

（133）将死，曰："树吾墓上以梓，令可为器。抉吾眼置之吴东门，以观越之灭吴也。"（吴太伯世家）

"以"作为顺承连词连接单音词的例子最少，只有3例；连接分句的句子也较少；相比来说，连接短语的句子多些。但从总体上来看，"以"作为顺承连词的用例明显少于"而"，这可能与"以"主要用作介词有关。

4）在"以"连接的结构中，后项以"归"为最多，共出现了15例。格式为"虏……以归""获……以归""取……以归"等，如：

（134）二十一年，晋文公重耳伐曹，虏共公以归，令军毋入釐负羁之宗族间。（管蔡世家）

（135）缪公壮士冒败晋军，晋军败，遂失秦缪公，反获晋公以

归。（晋世家）

（136）后三年，秦果使孟明伐晋，报殽之败，取晋汪以归。（晋世家）

（三）"若"

"若"在《史记》中表示顺承关系的例子共出现 6 例，如：

（137）五星合，是为易行，有德，受庆，改立大人，掩有四方，子孙蕃昌；无德，受殃若亡。（天官书）

（138）月蚀岁星，其宿地，饥若亡。（天官书）

（139）其雨雪若寒，岁恶。（天官书）

（140）五帝庙南临渭，北穿蒲池沟水，权火举而祠，若光辉然属天焉。（封禅书）

（141）合兹中山，有黄白云降盖，若兽为符，路弓乘矢，集获坛下，报祠大享。（封禅书）

（四）"如"

"如"在《史记》中用作顺承连词共出现 4 例，表示"而"，后项表示前项的结果：

（142）夫秦王有虎狼之心，杀人如不能举，刑人如不恐胜，天下皆叛之。（项羽本纪）

（143）既竭我才，如有所立，卓尔。（孔子世家）

（144）天下初定，悼惠王富于春秋，参尽召长老诸生，问所以安集百姓，如齐故诸儒以百数，言人人殊，参未知所定。（曹相国世家）

（五）"于是"类连词

"于是"类顺承连词有："于是""于是乃""于是遂""于是乎"。

1. "于是"

　　1）"于是"的使用情况。

　　"于是"有两个含义，一个是作为连词使用，表示顺承关系；另一个表示"在这时""此时""当时"，这里"于是"是词组。在《史记》中，"于是"这两种语义都有出现。作为词组的"于是"共出现473例，如：

　　（145）遂杀幽王骊山下，虏襃姒，尽取周赂而去。于是诸侯乃即申侯而共立故幽王太子宜臼，是为平王，以奉周祀。（周本纪）

　　（146）三百人者闻秦击晋，皆求从，从而见缪公窘，亦皆推锋争死，以报食马之德。于是缪公虏晋君以归，令于国，"齐宿，吾将以晋君祠上帝"。（秦本纪）

　　（147）齐桓公欲以为卿，让；于是以为工正。（齐太公世家）

　　（148）薄太后以为母家魏王后，早失父母，其奉薄太后诸魏有力者，于是召复魏氏，赏赐各以亲疏受之。（外戚世家）

　　（149）燕国小，辟远，力不能制，于是屈身下士，先礼郭隗以招贤者。乐毅于是为魏昭王使于燕，燕王以客礼待之。（乐毅列传）

　　（150）臣闻微子过故国而悲，于是作麦秀之歌，是痛纣之不用王子比干也。（淮南衡山列传）

　　（151）后数月，黯坐小法，会赦免官。于是黯隐于田园。（汲郑列传）

　　作为顺承连词的"于是"连接分句，表示分句之间先后相承的关系共出现282例[1]，如：

　　（152）济、河维沇州：九河既道，雷夏既泽，雍、沮会同，桑土既蚕，于是民得下丘居土。（夏本纪）

　　（153）自中丁以来，废适而更立诸弟子，弟子或争相代立，比

---

　　[1] "于是乃""于是遂"等例下文详细分析，其数量未计入在内。

九世乱，于是诸侯莫朝。（殷本纪）

（154）百姓怨望而诸侯有畔者，于是纣乃重刑辟，有炮格之法。（殷本纪）

（155）阳伏而不能出，阴迫而不能蒸，于是有地震。（周本纪）

（156）二十四年春，秦使人告晋大臣，欲入重耳。晋许之，于是使人送重耳。（秦本纪）

（157）顷之，太子与梁王共车入朝，不下司马门，于是释之追止太子、梁王无得入殿门。（张释之冯唐列传）

（158）其后岁余，骞所遣使通大夏之属者皆颇与其人俱来，于是西北国始通于汉矣。（大宛列传）

（159）在秦者名错，与张仪争论，于是惠王使错将伐蜀，遂拔，因而守之。（太史公自序）

通过对《史记》中"于是"的分析，对于顺承连词"于是"和词组"于是"的区分主要采取几种方法：①"于是"引出的是另一话题，或"于是"前与"于是"后的内容没有顺承关系，那么"于是"就是词组而非连词；②如果"于是"的"是"代词痕迹很重，那么"于是"也是词组；③"于是"处在主语与谓语之间，多数情况下是词组。如：

（160）及秦并天下，令祠官所常奉天地名山大川鬼神可得而序也。于是自殽以东，名山五，大川祠二。曰太室。（封禅书）

（161）汉兴，接秦之弊，丈夫从军旅，老弱转粮饟，作业剧而财匮，自天子不能具钧驷，而将相或乘牛车，齐民无藏盖。于是为秦钱重难用，更令民铸钱，一黄金一斤，约法省禁。而不轨逐利之民，蓄积余业以稽市物，物踊腾粜，米至石万钱，马一匹则百金。（平准书）

（162）公孙支书而藏之，秦策于是出。（扁鹊仓公列传）

如果"于是"后表述的内容承接上文，而且"于是"可以理解为现代汉语的"于是""就"等，那么复音"于是"就是顺承连词，如：

（163）及灵公卒而夫人欲立公子郢。郢不肯，曰："亡人太子之子辄在。"于是卫立辄为君，是为出公。（仲尼弟子列传）

（164）荀卿嫉浊世之政，亡国乱君相属，不遂大道而营于巫祝，信禨祥，鄙儒小拘，如庄周等又猾稽乱俗，于是推儒、墨、道德之行事兴坏，序列著数万言而卒。（孟子荀卿列传）

（165）燕国小，辟远，力不能制，于是屈身下士，先礼郭隗以招贤者。（乐毅列传）

（166）顷之，上行出中渭桥，有一人从桥下走出，乘舆马惊。于是使骑捕，属之廷尉。（张释之冯唐列传）

（167）汉方复收士马，会骠骑将军去病死，于是汉久不北击胡。（匈奴列传）

2）复音连词"于是"的形成过程。

王慧兰[1]讨论"于是"的词汇化，认为介宾词组"于是"中的指示代词"是"所回指的不是现实中的实体，而是上文表示时间意义的复杂小句，这种回指构成了上下文的连接关系，所以"于是"才有可能成为连词。她提出两条"于是"的成词标准，其中第二条是"'是'的指代功能消失"：起初是"是"指代的先行词消失，进而是"是"的指代功能消失。"于是"作为词组时有"在此时""在……时""在……情况下"等意义，主要指代时间，如：

（168）秋八月丁卯，大事于大庙，跻僖公，逆祀也。于是夏父弗忌为宗伯，尊僖公，且明见曰："吾见新鬼大，故鬼小。先大后小，顺也。跻圣贤，明也。明、顺，礼也。"（左·文公二年）

---

[1] 王慧兰."于是"的词汇化——兼谈连词词汇化过程中的代词并入现象//沈家煊等.语法化与语法研究（三）.商务印书馆，2007年.

（169）秋八月，葬宋共公。于是华元为右师，鱼石为左师，荡泽为司马，华喜为司徒，公孙师为司城，向为人为大司寇，鳞朱为少司寇，向带为大宰，鱼府为少宰。（左·成公十五年）

（170）秋，卫人伐邢，以报菟圃之役。于是卫大旱，卜有事于山川，不吉。（左·僖公十九年）

（171）夏四月，宋成公卒。于是公子成为右师，公孙友左师，乐豫为司马，鳞矔为司徒，公子荡为司城，华御事为司寇。（左·文公七年）

以上各句中的"于是"都是词组。（168）中有"秋八月丁卯"这一时间，"大庙"这一地点，"是"指代以上的时间、地点。（169）中"是"指代"秋八月"的时间、"葬宋共公"这一事件。（170）（171）中的"是"也都是指代"于是"之前的先行词。

再如下面的例子：

（172）及卫州吁立，将修先君之怨于郑，而求宠于诸侯以和其民，使告于宋曰："君若伐郑以除君害，君为主，敝邑以赋与陈、蔡从，则卫国之愿也。"宋人许之。于是，陈、蔡方睦于卫，故宋公、陈侯、蔡人、卫人伐郑，围其东门，五日而还。（左·隐公四年）

（173）晋原縠、宋华椒、卫孔达、曹人同盟于清丘。曰："恤病讨贰。"于是卿不书，不实其言也。（左·宣公十二年）

（174）晋人归公子谷臣与连尹襄老之尸于楚，以求知罃。于是荀首佐中军矣，故楚人许之。（左·成公三年）

（175）叔弓帅师疆郓田，因莒乱也。于是莒务娄、瞀胡及公子灭明以大厖与常仪靡奔齐。（左·昭公元年）

以上各句，"于是"前没有表示时间的先行词，虽然"是"还可以理解为指代上文所述的事件、发生的时间，但指代意义已经开始弱化。

再如下面的句子：

（176）留侯曰："……此所谓金城千里，天府之国也，刘敬说是也。"于是高帝即日驾，西都关中。（留侯世家）

（177）（四人）乃说建成侯曰："太子将兵，有功则位不益太子；无功还，则从此受祸矣。且太子所与俱诸将，皆尝与上定天下枭将也，今使太子将之，此无异使羊将狼也，皆不肯为尽力，其无功必矣。……"于是吕泽立夜见吕后，吕后承间为上泣涕而言，如四人意。（留侯世家）

（176）中"于是"后有"即日"，（177）中"于是"后出现"夜"，"于是"不再表示时间的意义，"是"的指代功能消失，"于是"成为连词。

2. "于是"类连词

《史记》中还有"于是乃""于是遂""于是乎"等"于是"类连词，连接分句，表示顺承关系。

1）"于是乃"。"于是乃"是连词"于是"和连词"乃"凝固而成，在《史记》中共出现47例，如：

（178）尧知子丹朱之不肖，不足授天下，于是乃权授舜。（五帝本纪）

（179）汤崩，太子太丁未立而卒，于是乃立太丁之弟外丙，是为帝外丙。（殷本纪）

（180）下令国中曰："……寡人思念先君之意，常痛于心。宾客群臣有能出奇计强秦者，吾且尊官，与之分土。"于是乃出兵东围陕城，西斩戎之獂王。（秦本纪）

（181）薄太后母亦前死，葬栎阳北。于是乃追尊薄父为灵文侯，会稽郡置园邑三百家，长丞已下吏奉守冢，寝庙上食祠如法。（外戚世家）

（182）诸生于是乃以为能，不及也。（屈原贾生列传）

（183）念诸侯无足与计谋者，闻胶西王勇，好气，喜兵，诸齐

皆悼畏，于是乃使中大夫应高讽胶西王。(吴王濞列传)

(184) 宛王城中无井，皆汲城外流水，于是乃遣水工徙其城下水空以空其城。(大宛列传)

并不是所有的"于是乃"都是顺承连词，如果"于是"是词组，而非连词，那么即使组成"于是乃"的格式，也不是顺承连词，如：

(185) 化及无穷，遵奉遗诏，永承重戒。于是乃并勃海以东，过黄、腄，穷成山，登之罘，立石颂秦德焉而去。(秦始皇本纪)

(186) 齐人丁公年九十余，曰："封者，合不死之名也。秦皇帝不得上封。陛下必欲上，稍上即无风雨，遂上封矣。"上于是乃令诸儒习射牛，草封禅仪。(孝武本纪)

(187) 公子闻之，往请，欲厚遗之。不肯受，曰："臣修身絜行数十年，终不以监门困故而受公子财。"公子于是乃置酒大会宾客。坐定，公子从车骑，虚左，自迎夷门侯生。(魏公子列传)

《史记》中还有"于是……乃……"，这种格式应该是复音连词"于是乃"形成之前的状态，在此之后，"乃"向前移，"于是乃"形成一个复音连词。换句话说，"于是乃"是由"于是……乃……"过渡来的，慢慢"于是"和"乃"之间的主语省略，成为"于是乃"的格式。"于是……乃……"的例子如：

(188) 吴王许诺，乃谢越王。于是吴王乃遂发九郡兵伐齐。(仲尼弟子列传)

(189) 及后使人为秋请，上复责问吴使者，使者对曰："王实不病，汉系治使者数辈，以故遂称病。且夫'察见渊中鱼，不祥'。今王始诈病，及觉，见责急，愈益闭，恐上诛之，计乃无聊。唯上弃之而与更始。"于是天子乃赦吴使者归之，而赐吴王几杖，老，不朝。(吴王濞列传)

(190) 书奏天子，天子召见三人，谓曰："公等皆安在？何相见之晚也！"于是上乃拜主父偃、徐乐、严安为郎中。(平津侯主父列

传）

（191）骞因盛言大夏在汉西南，慕中国，患匈奴隔其道，诚通蜀，身毒国道便近，有利无害。于是天子乃令王然于、柏始昌、吕越人等，使间出西夷西，指求身毒国。（西南夷列传）

（192）于是王乃令官奴入宫，作皇帝玺，丞相、御史、大将军、军吏、中二千石、都官令、丞印，及旁近郡太守、都尉印，汉使节法冠，欲如伍被计。（淮南衡山列传）

2）"于是遂"。顺承连词"于是遂"是由连词"于是"和连词"遂"复合凝固而成的，共出现15例，如：

（193）史佚曰："天子无戏言。言则史书之，礼成之，乐歌之。"于是遂封叔虞于唐。（晋世家）

（194）春申君入棘门，园死士侠刺春申君，斩其头，投之棘门外。于是遂使吏尽灭春申君之家。（春申君列传）

（195）稍益近之，高渐离乃以铅置筑中，复进得近，举筑朴秦皇帝，不中。于是遂诛高渐离，终身不复近诸侯之人。（刺客列传）

（196）窦太后乃竟中都以汉法。景帝曰："都忠臣。"欲释之。窦太后曰："临江王独非忠臣邪？"于是遂斩郅都。（酷吏列传）

如果"于是"是词组，而非连词，那么"于是遂"也不是顺承连词，如：

（197）禹于是遂即天子位，南面朝天下，国号曰夏后，姓姒氏。（夏本纪）

（198）居二年，纣杀王子比干，囚箕子。武王将伐纣，卜，龟兆不吉，风雨暴至。群公尽惧，唯太公强之劝武王，武王于是遂行。（齐太公世家）

（199）九年，翟伐卫，卫懿公欲发兵，兵或畔。大臣言曰："君好鹤，鹤可令击翟。"翟于是遂入，杀懿公。（卫康叔世家）

3）"于是乎"。"于是乎"是连词"于是"和词尾"乎"凝固而成的顺承连词，仅出现 1 例，如：

（200）妾欲言酒之有药，则恐其逐主母也；欲勿言乎，则恐其杀主父也。于是乎详僵而弃酒。（苏秦列传）

并不是"于是乎"都是连词，如果"于是"不是连词，而是词组，表示"于此"，那么"于是乎"就不是顺承连词，如：

（201）民之有口也，犹土之有山川也，财用于是乎出；犹其有原隰衍沃也，衣食于是乎生。口之宣言也，善败于是乎兴。（周本纪）

另外，在《司马相如列传》中，多次出现"于是乎"来表现其叙述风格，这时的"于是乎"也不是顺承连词，如：

（202）然后灏溔潢漾，安翔徐徊，翯乎滈滈，东注大湖，衍溢陂池。于是乎蛟龙赤螭，鲛鳣螏离，鰅鳙鳀魠，禺禺魼鳎，捷鳍掉尾，振鳞奋翼，潜处于深岩；鱼鳖讙声，万物众伙，明月珠子，玓瓅江靡，蜀石黄碝，水玉磊砢，磷磷烂烂，采色澔旰，丛积乎其中。（司马相如列传）

（203）于是玄猿素雌，蜼玃飞鸓，蛭蜩蠷蝚，蛳胡豰蛫，栖息乎其间；长啸哀鸣，翩幡互经，夭蟜枝格，偃蹇杪颠。于是乎隃绝梁，腾殊榛，捷垂条，踔稀间，牢落陆离，烂曼远迁。（司马相如列传）

以上两句中的"于是乎"都不是顺承连词。

（六）"则"

"则"作为顺承连词在《史记》中共出现 53 例，如：

（204）阻法度之威，以责督于下，下罢极则以仁义怨望于上，上下交争怨而相篡弑，至于灭宗，皆以此类也。（秦本纪）

（205）是以物盛则衰，时极而转，一质一文，终始之变也。（平准书）

（206）秦甲渡河逾漳，据番吾，则兵必战于邯郸之下矣。（苏秦

列传）

（207）臣请言其说：臣闻物至则反，冬夏是也；致至则危，累棋是也。（春申君列传）

（208）聂政曰："韩之与卫，相去中间不甚远，今杀人之相，相又国君之亲，此其势不可以多人，多人不能无生得失，生得失则语泄，语泄是韩举国而与仲子为雠，岂不殆哉！"（刺客列传）

（209）及二世所使案三川之守至，则项梁已击杀之。（李斯列传）

（210）故曰酒极则乱，乐极则悲；万事尽然，言不可极，极之而衰。（滑稽列传）

（七）"遂"类连词

"遂"类顺承连词有"遂""因遂"。

1."遂"

"遂"作为顺承连词频繁出现，共出现498次，如：

（211）于是黄帝乃征师诸侯，与蚩尤战于涿鹿之野，遂禽杀蚩尤。（五帝本纪）

（212）桀走鸣条，遂放而死。（夏本纪）

（213）汤乃兴师率诸侯，伊尹从汤，汤自把钺以伐昆吾，遂伐桀。（殷本纪）

（214）微子数谏不听，乃与大师、少师谋，遂去。（殷本纪）

（215）乃遵文王，遂率戎车三百乘，虎贲三千人，甲士四万五千人，以东伐纣。（周本纪）

（216）秦军走，晋兵追之，遂渡泾，至械林而还。（秦本纪）

（217）吴王不听，遂北伐齐，败齐师于艾陵。（吴太伯世家）

（218）或见人足于户间，发视，乃襄公，遂弑之，而无知自立为齐君。（齐太公世家）

（219）二十七年，山戎来侵我，齐桓公救燕，遂北伐山戎而还。（燕召公世家）

（220）项籍使布先渡河击秦，布数有利，籍乃悉引兵涉河从之，遂破秦军，降章邯等。（黥布列传）

（221）申侯怒而与犬戎共攻杀周幽王于骊山之下，遂取周之焦穫，而居于泾渭之间，侵暴中国。（匈奴列传）

（222）前将军故胡人，降为翕侯，见急，匈奴诱之，遂将其余骑可八百，犇降单于。（卫将军骠骑列传）

（223）会稽太守欲距不为发兵，助乃斩一司马，谕意指，遂发兵浮海救东瓯。（东越列传）

2."因遂"

《史记》中，还有 2 例"因遂"的例子，表示"于是""就"，是顺承连词：

（224）张仪去楚，因遂之韩，说韩王曰：……　（张仪列传）

（225）（田光）欲自杀以激荆卿，曰："愿足下急过太子，言光已死，明不言也。"因遂自刭而死。（刺客列传）

（八）"乃"类连词

"乃"类顺承连词有"乃""乃遂"。

1."乃"

"乃"作为顺承连词在《史记》中有所体现，连接分句，共出现1290 次，如：

（226）尧善之，乃使舜慎和五典，五典能从。（五帝本纪）

（227）舜宾于四门，乃流四凶族，迁于四裔，以御螭魅，于是四门辟，言毋凶人也。（五帝本纪）

（228）行视鲧之治水无状，乃殛鲧于羽山以死。（夏本纪）

（229）夷吾姊亦为缪公夫人，夫人闻之，乃衰绖跣，曰："妾兄弟不能相救，以辱君命。"（秦本纪）

（230）襄子惧，乃夜使相张孟同私于韩、魏。韩、魏与合谋，以三月丙戌，三国反灭知氏，共分其地。（赵世家）

（231）齐王闻之，乃西取其故济南郡，亦屯兵于齐西界以待约。（齐悼惠王世家）

（232）于是子路欲燔台，蒉聩惧，乃下石乞、壶黡攻子路，击断子路之缨。（仲尼弟子列传）

（233）秦王大悦，乃遣车十乘黄金百镒以迎孟尝君。（孟尝君列传）

（234）天子闻之，于是恐其以诈降而袭边，乃令骠骑将军将兵往迎之。（卫将军骠骑列传）

（235）王、王太后亦恐嘉等先事发，乃置酒，介汉使者权，谋诛嘉等。（南越列传）

2. "乃遂"

在《史记》中还有"乃遂"出现的情况，由连词"乃"和连词"遂"凝固而成，表示顺承关系，共出现 27 例，如：

（236）而无知、连称、管至父等闻公伤，乃遂率其众袭宫。（齐太公世家）

（237）六卿欲弱公室，乃遂以法尽灭其族，而分其邑为十县，各令其子为大夫。（晋世家）

（238）赵盾患之，恐其宗与大夫袭诛之，乃遂立太子，是为灵公，发兵距所迎襄公弟于秦者。（赵世家）

（239）公叔既死，公孙鞅闻秦孝公下令国中求贤者，将修缪公之业，东复侵地，乃遂西入秦，因孝公宠臣景监以求见孝公。（商鞅列传）

（240）李良已得秦书，固欲反赵，未决，因此怒，遣人追杀王姊道中，乃遂将其兵袭邯郸。（张耳陈馀列传）

（241）魏其侯然之，乃遂起，朝请如故。（魏其武安侯列传）

（242）元鼎六年秋，馀善闻楼船请诛之，汉兵临境，且往，乃遂反，发兵距汉道。（东越列传）

（243）相如以为列仙之传居山泽间，形容甚臞，此非帝王之仙意也，乃遂就大人赋。（司马相如列传）

在"乃遂"之后，绝大多数情况下紧跟动词，表示接叙"乃遂"之前的内容。

《史记》中只有"乃遂"的形式，没有"遂乃"的形式。

3．"乃因"

"乃因"是连词"乃"和连词"因"联合构成的复音顺承连词，《史记》中出现3例：

（244）无忌既以秦女自媚于平王，因去太子而事平王。恐一旦平王卒而太子立，杀己，乃因谗太子建。（伍子胥列传）

（245）张仪惧诛，乃因谓秦武王曰："仪有愚计，愿效之。"（张仪列传）

（246）华阳夫人以为然，承太子间，从容言子楚质于赵者绝贤，来往者皆称誉之。乃因涕泣曰："妾幸得充后宫，不幸无子，原得子楚立以为適嗣，以讬妾身。"（吕不韦列传）

也有"因"是动词或介词而形成的"乃+因"的格式，这时"乃+因"还不是复音顺承连词，如：

（247）石碏乃因桓公母家于陈，详为善州吁。（卫康叔世家）

（248）（孔子）乃因史记作春秋，上至隐公，下讫哀公十四年，十二公。（孔子世家）

（249）伍胥乃因公子光以求见吴王。（伍子胥列传）

从使用数量上看，"乃"与动词或介词"因"相连，再引出宾语的格式与复音顺承连词"乃因"相当，可见此时即使有"乃因"的形式出现，"因"的成分也很复杂，需要根据具体文意判断词性，"乃因"也还未完全彻底地凝固成复音顺承连词。

（九）"故"类连词

"故"类顺承连词有"故""故遂"。

1."故"

"故"作为顺承连词在《史记》中连接分句，共出现 252 例，如：

（250）四岳举鲧治鸿水，尧以为不可，岳强请试之，试之而无功，故百姓不便。（五帝本纪）

（251）余并论次，择其言尤雅者，故著为本纪书首。（五帝本纪）

（252）本姓姜氏，从其封姓，故曰吕尚。（齐太公世家）

（253）今王以征舒为贼弑君，故征兵诸侯，以义伐之，已而取之，以利其地，则后何以令于天下！（陈杞世家）

（254）昭伯、黔牟皆已前死，故立昭伯子申为戴公。（卫康叔世家）

（255）及至孝景，不任儒者，而窦太后又好黄老之术，故诸博士具官待问，未有进者。（儒林列传）

（256）今所处非其地，故谓之卑。言不信，行不验，取不当，故谓之汙。（日者列传）

2."故遂"

另外，"故遂"作为顺承连词，共出现 6 例：

（257）得而与之语，果圣人，举以为相，殷国大治。故遂以傅险姓之，号曰傅说。（殷本纪）

（258）吴王怒，故遂伐楚，取两都而去。（吴太伯世家）

（259）及生子，文在其手曰"虞"，故遂因命之曰虞。（晋世家）

（260）良曰："沛公殆天授。"故遂从之，不去见景驹。（留侯世家）

（261）吴王夫差兵无敌于天下，勇强以轻诸侯，陵齐晋，故遂以杀身亡国。（范雎蔡泽列传）

（262）布之初反，谓其将曰："上老矣，厌兵，必不能来。使诸将，诸将独患淮阴、彭越，今皆已死，余不足畏也。"故遂反。（黥布列传）

（十）"因"类连词

1."因"

"因"作为顺承连词，连接分句，共出现 179 例，如：

（263）三人行浴，见玄鸟堕其卵，简狄取吞之，因孕生契。（殷本纪）

（264）兵至滑，郑贩卖贾人弦高，持十二牛将卖之周，见秦兵，恐死虏，因献其牛，曰："闻大国将诛郑，郑君谨修守御备，使臣以牛十二劳军士。"（秦本纪）

（265）范增起，出召项庄，谓曰："君王为人不忍，若入前为寿，寿毕，请以剑舞，因击沛公于坐，杀之。不者，若属皆且为所虏。"（项羽本纪）

（266）对曰："王卑词重币以事之；不可，则割地而赂之；不可，因举兵而伐之。"（范雎蔡泽列传）

（267）心独悔，业已拜，因拊其背，告曰："汉后五十年东南有乱者，岂若邪？然天下同姓为一家也，慎无反！"（吴王濞列传）

（268）夫怒，因嘻笑曰："将军贵人也，属之！"（魏其武安侯列传）

（269）行十余里，广详死，睨其旁有一胡儿骑善马，广暂腾而上胡儿马，因推堕儿，取其弓，鞭马南驰数十里，复得其余军，因引而入塞。（李将军列传）

（270）元鼎六年冬，楼船将军将精卒先陷寻陕，破石门，得越船粟，因推而前，挫越锋，以数万人待伏波。（南越列传）

（271）欲归报，会秦击夺楚巴、黔中郡，道塞不通，因还，以其众王滇，变服，从其俗，以长之。（西南夷列传）

（272）天子既美子虚之事，相如见上好仙道，因曰："上林之事未足美也，尚有靡者。臣尝为大人赋，未就，请具而奏之。"（司马相如列传）

2."因而"

连词"因"和连词"而"凝固成"因而"，表示顺承关系，共出现8例，如：

（273）至，怀王不见，因而囚张仪，欲杀之。（楚世家）

（274）而越大破吴，因而留围之三年，吴师败，越遂复栖吴王于姑苏之山。（越王勾践世家）

（275）秦召春平君，因而留之。（赵世家）

（276）俗之所欲，因而予之；俗之所否，因而去之。（管晏列传）

（277）先列中国名山大川，通谷禽兽，水土所殖，物类所珍，因而推之，及海外人之所不能睹。（孟子荀卿列传）

（278）在秦者名错，与张仪争论，于是惠王使错将伐蜀，遂拔，因而守之。（太史公自序）

（十一）"然后"

1."然后"的使用情况

"然后"作为顺承连词，连接分句，表示分句之间在时间上的前后相承关系，共出现 40 例，如：

（279）三战然后得其志。（五帝本纪）

（280）诸侯归之，然后禹践天子位。（五帝本纪）

（281）或曰，伊尹处士，汤使人聘迎之，五反然后肯往从汤，言素王及九主之事。（殷本纪）

（282）乃遂涉河南，治亳，行汤之政，然后百姓由宁，殷道复兴。（殷本纪）

（283）晋侯三辞，然后稽首受之。（晋世家）

（284）今胡服之意，非以养欲而乐志也；事有所止而功有所出，事成功立，然后善也。（赵世家）

（285）使人歌，善，则使复之，然后和之。（孔子世家）

（286）梁王恐，乃使韩安国因长公主谢罪太后，然后得释。（梁孝王世家）

（287）天子吊，主人必将倍殡棺，设北面于南方，然后天子南面吊也。（鲁仲连邹阳列传）

（288）陵死后，苍为丞相，洗沐，常先朝陵夫人上食，然后敢归家。（张丞相列传）

（289）薄太后乃使使承诏赦太子、梁王，然后得入。（张释之冯唐列传）

2. 顺承连词"然后"的形成过程

"然后"中的"然"本来也是指示代词，如：

（290）晋侯将以师纳公。范献子曰："若召季孙而不来，则信不臣矣。然后伐之，若何？"（左·昭公三十一年）

（291）十四年春，西狩于大野，叔孙氏之车子钼商获麟，以为不祥，以赐虞人。仲尼观之，曰："麟也。"然后取之。（左·哀公十四年）

以上句中的"然"不是现实中的实体，而是上文的内容，但源词的指代意义还没有完全消失。

（十二）"以至"类连词

"以至"类顺承连词包括"以至""以至于"。

1. "以至"

杨伯峻在《古汉语虚词》中指出，"'以至'可看作连词，是'从……到……'的意思"。《史记》中"以至"作为顺承连词，共15例，如：

（292）重华父曰瞽叟，瞽叟父曰桥牛，桥牛父曰句望，句望父曰敬康，敬康父曰穷蝉，穷蝉父曰帝颛顼，颛顼父曰昌意：以至舜七世矣。自从穷蝉以至帝舜，皆微为庶人。（五帝本纪）

（293）圣人知天地识之别，故从有以至未有，以得细若气，微若声。（律书）

（294）自是以后，气复正，羽声复清，名复正变，以至子日当冬至，则阴阳离合之道行焉。（历书）

（295）自桓叔初封曲沃以至武公灭晋也，凡六十七岁，而卒代晋为诸侯。（晋世家）

（296）然自初官以至丞相，终无可言。（万石张叔列传）

（297）自淳维以至头曼千有余岁，时大时小，别散分离，尚矣，其世传不可得而次云。（匈奴列传）

以上句中的"以至"表示时间的接续，是顺承连词。

2. "以至于"

"以至于"的形式，与"以至"同义，也是顺承连词，共出现9例，如：

（298）武王伐纣，吹律听声，推孟春以至于季冬，杀气相并，而音尚宫。（律书）

（299）而山川园池市井租税之入，自天子以至于封君汤沐邑，

皆各为私奉养焉，不领于天下之经费。（平准书）

（300）从林乡军以至于今，秦七攻魏，五入圉中，边城尽拔，文台堕，垂都焚，林木伐，麋鹿尽，而国继以围。（魏世家）

（301）夫轻背楚、赵之兵，陵七仞之城，战三十万之众，而志必举之，臣以为自天地始分以至于今，未尝有者也。（穰侯列传）

（302）后陵迟以至于始皇，天下并争于战国，儒术既绌焉，然齐鲁之间，学者独不废也。（儒林列传）

（303）春秋之后，陪臣秉政，强国相王；以至于秦，卒并诸夏，灭封地，擅其号。（太史公自序）

《史记》中"以至于"表示时间的例句最多，与"以至"语义相同，没有表示结果的例句。

（十三）"即"

"即"可以用作顺承连词，表示"则""就""于是"等，共出现141例，如：

（304）楚怀王走之赵，赵不受，还之秦，即死，归葬。（秦本纪）

（305）项王许之，即归汉王父母妻子。（项羽本纪）

（306）吴王闻昭王往，即进击随，谓随人曰："周之子孙封于江汉之间者，楚尽灭之。"（楚世家）

（307）其在朝，君语及之，即危言；语不及之，即危行。国有道，即顺命；无道，即衡命。（管晏列传）

（308）田常为简公臣，爵列无敌于国，私家之富与公家均，布惠施德，下得百姓，上得群臣，阴取齐国，杀宰予于庭，即弑简公于朝，遂有齐国。（李斯列传）

（309）至南郑，诸将行道亡者数十人，信度何等已数言上，上不我用，即亡。（淮阴侯列传）

（310）久之，以为行已过，即出，见乘舆车骑，即走耳。（张释之冯唐列传）

有时"即"与"则""乃"前后对应出现，表示顺承关系，如：

（311）曰："臣论武信君军必败。公徐行即免死，疾行则及祸。"（项羽本纪）

（312）大农之诸官尽笼天下之货物，贵即卖之，贱则买之。（平准书）

（313）（郦生）曰："王知天下之所归，则齐国可得而有也；若不知天下之所归，即齐国未可得保也。"（郦生陆贾列传）

（314）天子听，罢兵，固一国完；不听，乃力战；不胜，即亡入海。（东越列传）

（十四）"然则"

"然则"是复音连词，"然"承接上文，"则"引出下文，用作顺承连词，共出现 2 例：

（315）驺衍以阴阳主运显于诸侯，而燕齐海上之方士传其术不能通，然则怪迂阿谀苟合之徒自此兴，不可胜数也。（封禅书）

（316）今天下大乱，秦法不施，然则慈父孝子且傳刃公之腹中以成其名，此臣之所以吊公也。（张耳陈馀列传）

三、小结

考察《史记》中的顺承连词，有如下结论。

1. 单音顺承连词 10 个，复音顺承连词 21 个，《史记》中顺承连词共有 31 个，共计 3677 例，占连词总量的 42.32%。在 12 类连词中，无论连词个数，还是连词使用总量，顺承连词都是最高的。单音顺承连词共出现 3012 次，占顺承连词出现总量的 81.91%；复音顺承连词共出现 665 次，占顺承连词出现总量的 18.09%。单音顺承连词多在先秦就产生了，使用数量多，所占的比例高；复音顺承连词数量多，但使用总量不大。

2. 在向复音顺承连词"而后"过渡过程中的词组"而后"，其提示词"前""后"除延续先秦用法表示时间外，还可以表示方位。

3. 由单音向双音复合的能力增强，如"而"复合为"而遂""而复""而又"，"乃"复合为"乃遂""乃因"，"故"复合为"故遂"，"因"复合为"因而"。

4. 三音顺承连词虽然数量上没有双音顺承连词多，但相对先秦，出现次数增多。如"于是乎""于是乃""于是遂"总量上也没有双音顺承连词"于是"多，但相对于先秦时期，使用量增加。

5. 单音顺承连词如"乃""遂""而""以"除了有副词的用法外，即使是连词也有兼及多类的情况。双音顺承连词在一定程度上既区别了词性，又区别了同类词中的类别意义。三音顺承连词则提供了区别连词和词组的最好的方法。

6. 考察"而后"的语法化过程，证明连词"而"和名词"后"组合凝固后形成顺承连词"而后"，并对陈宝勤[1]的结论进行补充。

A. 《史记》"而后"结构中的"前""后"除延续先秦用法表示时间外，还可以表示方位，这种情况是《史记》特有的。

B. "而"连接的前项是数量词，而非谓语成分。

---

[1] 陈宝勤. 试论"而后""而已""而况""而且""既而""俄而""然而". 沈阳大学学报，1994 年第 3 期.

第四章　选择连词

选择连词是用于连接具有选择关系的词、词组、分句的一类连词。主要的选择连词有"或""若""如"等。

一、选择连词研究的基本情况

选择连词的研究重点一是探讨选择问句系统及发展，徐正考[1]、祝敏彻[2]、徐杰[3]、宋金兰[4]、林海权[5]、李思明[6]、傅惠钧[7]都对选择问句系统及句式发展进行过深入的研究。二是探讨选择连词的语法化过程，赵长才[8]、向学春[9]、周有斌[10]、姚尧[11]、任远[12]、

[1] 徐正考. 清代汉语选择疑问句系统. 吉林大学社会科学学报，1996 年第 5 期.

[2] 祝敏彻. 汉语选择问、正反问的历史发展. 语言研究，1995 年第 2 期.

[3] 徐杰，张林林. 疑问程度和疑问句式. 江西师范大学学报，1985 年第 2 期.

[4] 宋金兰. 汉藏语选择问句的历史演变及类型分布. 民族语文，1996 年第 1 期.

[5] 林海权. "……孰与……"的两种基本句式试析. 福建师范大学学报（哲学社会科学版），1988 年第 1 期.

[6] 李思明. 从变文、元杂剧、《水浒》《红楼梦》看选择问句的发展. 语言研究，1983 年第 2 期.

[7] 傅惠钧. 真性问与假性问：明清汉语选择问句的功能考察. 语言教学与研究，2001 年第 3 期.

[8] 赵长才. 中古汉语选择问句"为"的来源及演变过程. 中国语文，2011 年第 3 期.

[9] 向学春. 选择连词"其"与语气副词"其". 承德民族师专学报，2005 年第 3 期.

[10] 周有斌. 谈谈"要么"的语法化. 阜阳师范学院学报（社会科学版），2011 年第 6 期.

[11] 姚尧. "或"和"或者"的语法化. 语言研究，2012 年第 1 期.

[12] 任远. 选择连词"其". 浙江师范大学学报，2002 年第 1 期.

黄新强[1]都对个别的选择连词进行了细致的分析和考察。

二、《史记》中的选择连词

《史记》中选择连词共有 18 个，其中单音选择连词 14 个，复音选择连词 4 个。单音选择连词有：若、如、与、宁……不……、宁……无……、与……宁……、宁……安……、且、将、非……则……、不……则……、或……或……、非……而……、不……而……；复音选择连词有：与其……不如……、与其……岂若……、意者、不……而乃……。选择连词具体使用情况见表 4.1。

表 4.1 《史记》中选择连词基本情况

选择连词 \ 相关数据		选择连词使用次数	占选择连词总量百分比（%）
若		9	9.68
如		1	1.08
与	与	2	2.15
	"X 与不 X" 格式	7	7.53
宁	宁……不……	1	1.08
	宁……无……	3	3.23
	与……宁……	3	3.23
	宁……安……	1	1.08
与其	与其……不如……	3	3.23
	与其……岂若……	1	1.08
且		1	1.08
意者		1	1.08

---

[1] 黄新强.《祖堂集》与《景德传灯录》选择连词比较. 阜阳师范学院学报（社会科学版），2011 年第 1 期.

选择连词 ＼ 相关数据		选择连词使用次数	占选择连词总量百分比（％）
将		1	1.08
则	非……则……	3	3.23
	不……则……	2	2.15
或……或……		48	51.61
而	非……而……	2	2.15
	不……而……	3	3.23
	不……而乃……	1	1.08
共计		93	100

选择连词"或……或……"数量最多，共出现 48 例，占选择连词总量的 51.61%；其次是"若"，共出现 9 例，占选择连词总量的 9.68%。

"宁"组成的"宁"类选择连词格式共有 4 个："宁……不……""宁……无……""与……宁……""宁……安……"。"宁……不……""宁……安……"各有 1 例选择连词用法，各占选择连词总量的 1.08%；"宁……无……""与……宁……"各有 3 例选择连词用法，各占选择连词总量的 3.23%。"宁"类选择连词表示选择时宁此毋彼。

"与"用作选择连词共出现 9 例，其中有 7 例是"X 与不 X"的格式。

单音选择连词"如""且""将"均各出现 1 例，占选择连词总量的 1.08%。

"则""而"均可构成"非（不）……则（而）……"的格式，出现此种格式的次数相同，表示选择时非此即彼。

复音选择连词"与其"构成"与其……不如……""与其……岂若……"的形式，表示选择时是此非彼。

（一）"若"

"若"作为选择连词在《史记》中共出现 9 例，表示"或者"：

（1）诸将以万人若以一郡降者，封万户。（高祖本纪）

（2）高祖末年，非刘氏而王者，若无功上所不置而侯者，天下共诛之。（汉兴以来诸侯王年表）

（3）未当居而居，若已去而复还，还居之，其国得土，不乃得女。（天官书）

（4）失次下二三宿曰缩，有后戚，其岁不复，不乃天裂若地动。（天官书）

（5）妾愿子母辟之他国，若早自杀，毋徒使母子为太子所鱼肉也。（晋世家）

（6）其以军若城邑降者，卒万人，邑万户，如得大将；人户五千，如得列将；人户三千，如得裨将；人户千，如得二千石；其小吏皆以差次受爵金。（吴王濞列传）

（7）灌夫不肯随丧归，奋曰："愿取吴王若将军头，以报父之仇。"（魏其武安侯列传）

（8）适有天幸，窘急常得脱，若遇赦。（游侠列传）

（9）安邑千树枣；燕、秦千树栗；蜀、汉、江陵千树橘；淮北、常山巳南，河济之间千树萩；陈、夏千亩漆；齐、鲁千亩桑麻；渭川千亩竹；及名国万家之城，带郭千亩亩钟之田，若千亩卮茜，千畦姜韭：此其人皆与千户侯等。（货殖列传）

在《史记》中，有 1 例"与其……岂若……"的格式，表示选择后项：

（10）且与其从辟人之士，岂若从辟世之士哉！（孔子世家）

（二）"如"

"如"作为选择连词在《史记》中只出现 1 例，表示"还是"：

（11）予秦地如毋予，孰吉？（平原君虞卿列传）

（三）"与"

1. 选择连词"与"的使用情况

《史记》中连词"与"几乎都用作并列连词，选择连词用法很少，仅有 1 例在一句话中出现 2 个选择连词"与"：

（12）夏帝卜杀之与去之与止之，莫吉。（周本纪）

这里"与"连接可供选择的三项："杀之""去之""止之"。

2. "X 与不 X"格式

《史记》中，有"X 与不 X"的格式表示选择，"X"和"不 X"表示互补的两项，共 7 例。在表达语义时"与"可以理解为"或"，也可以理解为"和"，我们放在选择连词里进行分析：

（13）仆闻之，百里奚居虞而虞亡，在秦而秦霸，非愚于虞而智于秦也，用与不用，听与不听也。（淮阴侯列传）

（14）百姓闻之，知与不知，无老壮皆为垂涕。（李将军列传）

（15）及死之日，天下知与不知，皆为尽哀。（李将军列传）

（16）解入关，关中贤豪知与不知，闻其声，争交驩解。（游侠列传）

（17）然天下无贤与不肖，知与不知，皆慕其声，言侠者皆引以为名。（游侠列传）

选择连词有选取式和析取式两类，"X 与不 X"属于选取式，选项之间是平等的，这也为将"与"理解为并列连词提供了可能性；但选项之间又是互补的，选项之和，即"与"前后之和是这个话题的全部，话题的提出，也在于引出这种区别，话题提出后需要选取其中一个作为结果，这时强调的是"或"而非"和"。

　　另外，这种格式的出现，也是为了突出强调"与"前后的某一项，如"用与不用""听与不听"强调的是"与"之前的"用""听"；"知与不知""贤与不肖"强调的是"不知""不肖"。这种格式的出现实现了突出强调的侧重点，由此我们认为"X 与不 X"格式中的"与"是选择连词而非并列连词。

（四）"宁""与其"

　　选择连词"宁"和"与其"表示的都是析取式的选择。

1. "宁"

　　选择连词"宁"用于选择关系的复句之中，在前一分句里，表示在比较两者的利害关系后选取的一项，有"宁……"和"宁……不……""宁……无……""与……宁……""宁……安……"等格式。《史记》中共出现 8 例：

　　（18）汉王笑谢曰："吾宁斗智，不能斗力。"（项羽本纪）

　　（19）我宁游戏污渎之中自快，无为有国者所羁，终身不仕，以快吾志焉。（老子韩非列传）

　　（20）喟然叹曰："与人刃我，宁自刃。"（鲁仲连邹阳列传）

　　（21）鲁连逃隐于海上，曰："吾与富贵而诎于人，宁贫贱而轻世肆志焉。"（鲁仲连邹阳列传）

　　（22）宁赴常流而葬乎江鱼腹中耳，又安能以皓皓之白而蒙世俗之温蠖乎！（屈原贾生列传）

　　（23）礼，与奢也宁俭。（平津侯主父列传）

　　（24）岁余，关东吏隶郡国出入关者，号曰"宁见乳虎，无值宁成之怒"。（酷吏列传）

　　这类句子中，"与"用于表示对比选择的前项，如"与人刃我，宁自刃"中的"人刃我"，"吾与富贵而诎于人，宁贫贱而轻世肆志焉"中的"富贵而诎于人","与奢也宁俭"中的"奢"等都是对比项。

2. "与其"

"与其"除了用作并列连词外，还可以用作选择连词。

1）"与其"的使用组合。

"与其"表示选择关系，出现在选择关系的复句之中；也用于表示对比选择关系的前项，组成"与其……不如……""与其……岂若……"的格式。共出现4例，如：

（25）与其以秦醳卫，不如以魏醳卫，卫之德魏必终无穷。（魏世家）

（26）与其以死痤市，不如以生痤市。（魏世家）

（27）与其生而无义，固不如烹！（田单列传）

2）选择连词"与其"产生的原因。

"与其"作为选择连词，来源于并列连词"与"。"与"作为并列连词，先秦时常见，如：

（28）唯器与名，不可以假人，君之所司也。（左·成公二年）

（29）蔡昭侯为两佩与两裘，以如楚，献一佩一裘于昭王。（左·定公三年）

在一定的上下文中，"与"所联系的并列项之间可以出现对比、比较的关系，如：

（30）施孝叔曰："子实吉。"对曰："能与忠良，吉孰大焉！"（左·成公十七年）

（31）还如楚，令尹子木与之语，问晋故焉，且曰："晋大夫与楚孰贤？"（左·襄公二十六年）

（32）又曰："我，家臣也，不敢知国。凡有季氏与无，于我孰利？"皆曰："无季氏，是无叔孙氏也。"（左·昭公二十五年）

（33）子谓子贡曰："女与回也孰愈？"（论·公冶长）

（34）孟子对曰："杀人以梃与刃，有以异乎？"（孟·梁惠王上）

（35）曰："不为者与不能者之形何以异？"（孟·梁惠王上）

（30）～（33）中，由疑问代词"孰"与形容词、副词组成"孰大""孰贤""孰利""孰愈"，询问比较的结果，"与"联系比较的对象。（34）（35）中，"与"连接的并列成分之间也存在比较关系，都表示比较结果的不同。

"与"由表比较演化为表选择的重要标志是"与"联系并列项的用法分离。导致新功能产生的应该是会话语境，演化机制是语用推理。[1]听话者希望说话者说得详细些，而说话者实际上又有所保留，说话者和听话者之间存在一种紧张而又不对称的关系，听话者只能依靠语境推导出说话者未说出但又是实际要表达的"隐含义"。"如果一种话语形式经常传递某种隐含义，这种隐含义就逐渐'固化'，最后成为那种形式固有的意义，这种后起的意义甚至可能取代原有的意义。"[2]上面句子的共同特点，就是使用"与"连接并列的比较项，然后再用"孰……"来提问，而在会话的过程中，提问者希望听话者做一个选择性的回答。因而可以说，"与"表示的比较在会话中已经具有了表示选择的隐含义。这种隐含义又逐渐变为显性意义，如[3]：

（36）曰："人夺女妻而不怒，一抉女庸何伤！"职曰："与刖其父而弗能病者何如？"（左·文公十八年）

（37）人谓叔向曰："子离于罪，其为不知乎？"叔向曰："与其死亡若何？"（左·襄公二十一年）

上面两句中的"与"还是表示比较关系，但已有了很大的变化，且表示比较的两项不是紧密相连，而是已经分开，逐渐由原来连接

---

[1] 席嘉. 近代汉语连词. 中国社会科学出版社，2010 年.

[2] 沈家煊. 实词虚化的机制——《演化而来的语法》评介. 当代语言学，1998 年第 3 期.

[3] 席嘉. 近代汉语连词. 中国社会科学出版社，2010 年.

并列项向选择项过渡。而且，在句子中也出现了"与其"连用的情况，有可能是为了与表示并列关系的"与"区别而增加的新的形式标记，并由此演化为一个专门的选择连词，如：

（38）孝而安民，子其图之，与其危身以速罪也。（左·闵公二年）

（39）范献子谓魏献子曰："与其戍周，不如城之。天子实云，虽有后事，晋勿与知可也。从王命以纾诸侯，晋国无忧。是之不务，而又焉从事？"（左·昭公三十二年）

（40）驷赤谓侯犯曰："众言异矣。子不如易于齐，与其死也。犹是郈也，而得纾焉，何必此？齐人欲以此偪鲁，必倍与子地。且盍多舍甲于子之门，以备不虞？"（左·定公十年）

（38）句是比起"危身以速罪"，不如"孝而安民"；（39）句是比起"戍周"，不如"城之"；（40）句是比起"死"，不如"易于齐"。

由此得出结论，"与其"表示选择的演化过程大致为："与"联系并列成分；"与"联系比较对象；"与"表示比较（选择）结果；在是此非彼选择句中联系否定项，并与"其"组合产生新的语法标志"与其"。[1]

"与其"一般不单独出现，而是与"宁""不如"组合。"不如"的例子前面已列出，"宁"的例子如：

（41）若不幸而过，宁僭无滥。与其失善，宁其利淫。（左·襄公二十六年）

（42）罗曰："与其素厉，宁为无勇。"（左·定公十二年）

（43）安于曰："与其害于民，宁我独死，请以我说。"（左·定公十三年）

---

[1] 席嘉. 近代汉语连词. 中国社会科学出版社，2010年.

（五）"意者"

"意者"在《史记》中作为选择连词出现只有1例：

（44）意者臣愚而不概于王心邪？亡其言臣者贱而不可用乎？（范雎蔡泽列传）

（六）"且"

"且"除了用作并列连词外，还可用作选择连词，在《史记》中只出现1例：

（45）子击因问曰："富贵者骄人乎？且贫贱者骄人乎？"（魏世家）

（七）"将"

"将"用做选择连词，在《史记》中只出现1例：

（46）文曰："人生受命于天乎？将受命于户邪？"（孟尝君列传）

（八）"则"

"则"除了做顺承连词外，还可以用作选择连词，组成"非（不）……则……"的格式，共出现5例，表示"不是……就是……"：

（47）魏文侯谓李克曰："先生尝教寡人曰'家贫则思良妻，国乱则思良相'。今所置非成则璜，二子何如？"（魏世家）

（48）李克曰："且子之言克于子之君者，岂将比周以求大官哉？君问而置相'非成则璜，二子何如'？……"（魏世家）

（49）战胜有功，则公之谋中也；战不胜，非前死则后北，而命在公矣。（田敬仲完世家）

（50）语曰"变古乱常，不死则亡"，岂错等谓邪！（袁盎晁错列传）

（51）夫阴阳四时、八位、十二度、二十四节各有教令，顺之者昌，逆之者不死则亡，未必然也，故曰"使人拘而多畏"。（太史公自序）

（九）"或"

1."或……或……"格式的使用情况

"或"在《史记》中组成"或……或……"的结构，表选择，共出现48例，如：

（52）其玄孙曰费昌，子孙或在中国，或在夷狄。（秦本纪）

（53）昔者五帝地方千里，其外侯服夷服，诸侯或朝或否，天子不能制。（秦始皇本纪）

（54）问左右，左右或默，或言马以阿顺赵高。或言鹿，高因阴中诸言鹿者以法。（秦始皇本纪）

（55）韩魏相攻，期年不解。秦惠王欲救之，问于左右。左右或曰救之便，或曰勿救便，惠王未能为之决。（张仪列传）

（56）问臣意："所诊治病，病名多同而诊异，或死或不死，何也？"（扁鹊仓公列传）

2."或……或……"格式的语义类型

"或……或……"连接的成分从语义角度可以分为以下几类：

1）连接的两项内容互补，非此即彼，如：

（57）管、蔡、康叔、曹、郑，或过或损。（汉兴以来诸侯王年表）

（58）其神或岁不至，或岁数来，来也常以夜，光辉若流星，从东南来集于祠城，则若雄鸡，其声殷云，野鸡夜雊。（封禅书）

（59）燕使约诸侯从亲如苏秦时，或从或不，而天下由此宗苏氏之从约。（苏秦列传）

（60）自曹沫至荆轲五人，此其义或成或不成，然其立意较然，不欺其志，名垂后世，岂妄也哉！（刺客列传）

（61）其俗或土著，或移徙，在蜀之西。（西南夷列传）

（62）天地旷旷，物之熙熙，或安或危，莫知居之。（日者列传）

2）连接的两项内容是叙述关系，如：

（63）仲尼没后，受业之徒沈湮而不举，或适齐、楚，或入河海，岂不痛哉！（礼书）

（64）幽、厉之后，周室微，陪臣执政，史不记时，君不告朔，故畴人子弟分散，或在诸夏，或在夷狄，是以其禨祥废而不统。（历书）

（65）自五帝以至秦，轶兴轶衰，名山大川或在诸侯，或在天子，其礼损益世殊，不可胜记。（封禅书）

（66）而越以此散，诸族子争立，或为王，或为君，滨于江南海上，服朝于楚。（越王勾践世家）

（67）对曰："此皆饮食喜怒不节，或不当饮药，或不当针灸，以故不中期死也。"（扁鹊仓公列传）

3.“或……或……”连接多项的情况

“或……或……”格式还有连接多项的情况，如：

（68）虞夏之币，金为三品，或黄，或白，或赤；或钱，或布，或刀，或龟贝。（平准书）

（69）人或忠信而不如诞谩，或丑恶而宜大官，或美好佳丽而为众人患。（龟策列传）

（70）自司马氏去周适晋，分散，或在卫，或在赵，或在秦。（太史公自序）

《史记》中使用“或”时，只有“或……或……”的格式表示选择，没有单音“或”直接连接前后项表示选择的用例。

（十）"而"

《史记》中"而"构成"不……而……"的格式表示选择关系，只在一处出现，共计 3 次：

（71）诸侯朝觐者不之丹朱而之舜，狱讼者不之丹朱而之舜，讴歌者不讴歌丹朱而讴歌舜。（五帝本纪）

此外，还有"不……而乃"的格式表示选择关系，只见 1 例：

（72）而王不先越而乃务齐，不亦谬乎！（伍子胥列传）

三、小结

考察《史记》中的选择连词，有如下结论。

1. 有单音选择连词 14 个，复音选择连词 4 个，共有选择连词 18 个，共计出现 93 次，占《史记》连词总量的 1.10%。选择连词出现数量不少，但使用总量不多。

2. 无论是连词个数还是整体使用次数，选择连词以单音选择连词为主，以复音选择连词为辅。单音选择连词中，复式结构占优势，出现频率高。

3. "或"组成"或……或……"结构，可以表示：选择项之间是互补、非此即彼关系；选择项之间是平行叙述关系。

4. "X 与不 X"表示选择关系，有以下特征。

A. "X 与不 X"属于选取式，选项之间是平等的，这也为将"与"理解为并列连词提供了可能性；但选项之间又是互补的，选项之和，即"与"前后之和是这个话题的全部，话题的提出，也即在于引出这种区别，话题提出后就需要选取其中一个作为结果，这时强调的是"或"而非"和"。

B. 这种格式的出现，也是为了突出强调"与"前后的某一项，如"用与不用""听与不听"强调的是"与"之前的"用""听"；"知与不知""贤与不肖"强调的是"不知""不肖"。这种格式的出现实现了突出强调的侧重点。

第五章　递进连词

递进连词用于连接具有进层关系的分句，本章考察《史记》中递进连词的使用情况。

一、递进连词研究的基本情况

主要递进连词有"况"类连词和"且"类连词，其中，又以"况"类连词为最多。以往递进连词的研究成果也集中在这里，一方面针对具体递进连词，如陈宝勤[1]、刘金波[2]、韩红星[3]、苏振华[4]、彭小川[5]等人的考察；另一方面针对递进句式及连词进行探讨，如徐阳春[6]、景士俊[7]、沈迪[8]、周静[9]、席嘉[10]等人的论述。

---

[1] 陈宝勤. 试论"而后""而已""而况""而且""既而""俄而""然而". 沈阳大学学报，1994 年第 3 期.

[2] 刘金波. "况"类连词功能差异及历时演变研究. 江西师范大学学位论文，2011年.

[3] 韩红星.《左传》"况"字句考察. 华南理工大学学报（社会科学版），2006 年第 2 期.

[4] 苏振华.《国语》递进复句及其关系词. 哈尔滨学院学报，2006 年第 9 期.

[5] 彭小川. 连词"并"用法考察. 暨南学报（人文科学与社会科学版），2004 年第 1 期.

[6] 徐阳春. 递进句式的语义、语用考察. 浙江树人大学学报，2001 年第 3 期.

[7] 景士俊. 递进句再探讨. 内蒙古师大学报（哲学社会科学版），1991 年第 4 期.

[8] 沈迪. 递进类关联词语研究. 东北师范大学学位论文，2007 年.

[9] 周静. 并列与递进的转换制约. 殷都学刊，2003 年第 2 期.

[10] 席嘉. 衬托句式和相关连词的历时发展. 长江学术，2010 年第 3 期.

二、《史记》中的递进连词

《史记》中，递进连词共有 14 个，其中单音递进连词 3 个，复音递进连词 11 个。单音递进连词有：而、况、且；复音递进连词有：而又、况乃、又况、又况于、况乎、而况乎、况于、而况于、而况、且又、又且。递进连词具体使用情况如表 5.1。

表 5.1   《史记》中递进连词使用情况

递进连词 相关数据		递进连词使用次数	占递进连词总量百分比（％）
而	而	7	9.33
	而又	6	8.00
况	况	28	37.33
	况乃	1	1.33
	又况	2	2.67
	又况于	1	1.33
	况乎	1	1.33
	而况乎	1	1.33
	况于	4	5.33
	而况于	4	5.33
	而况	5	6.67
且	且	4	5.33
	且又	10	13.33
	又且	1	1.33
共计		75	100

《史记》中使用频率最高的递进连词是"况"，共出现 28 次，占递进连词总量的 37.33%；其次是"且又"，共出现 10 次，占递进连

词总量的 13.33%。

由"况"衍生的复音递进连词数量最多，共 8 个，其中双音递进连词 5 个，即"况乃""又况""况乎""况于""而况"；三音递进连词 3 个，即"又况于""而况乎""而况于"。"况"类复音递进连词使用情况相近："况于""而况于""而况"占递进连词总量的 5.33%、5.33%、6.67%；"又况"占递进连词总量的 2.67%；"况乃""又况于""况乎""而况乎"各占递进连词总量的 1.33%。

"且又""又且"使用次数差别很大，"且又"占递进连词总量的 13.33%，"又且"占递进连词总量的 1.33%。

（一）"而"

"而"在《史记》中，也可以作为递进连词出现，用于递进关系的复句中，连接分句，共出现 7 例：

（1）当是时，夏桀为虐政淫荒，而诸侯昆吾氏为乱。（殷本纪）

（2）今将军为秦将三岁矣，所亡失以十万数，而诸侯并起滋益多。（项羽本纪）

（3）自河决瓠子后二十余岁，岁因以数不登，而梁楚之地尤甚。（河渠书）

（4）其锐兵尽于齐，重甲困于晋，而王制其敝，此灭吴必矣。（仲尼弟子列传）

（5）壁坚拒不得入，而秦奇兵二万五千人绝赵军后，又一军五千骑绝赵壁间，赵军分而为二，粮道绝。（白起王翦列传）

（6）廉颇曰："我为赵将，有攻城野战之大功，而蔺相如徒以口舌为劳，而位居我上，且相如素贱人，吾羞，不忍为之下。"（廉颇蔺相如列传）

（7）夫事人君能说主耳目，和主颜色，而获亲近，非独色爱，能亦各有所长。（太史公自序）

"而又"是连词"而"和副词"又"凝固而成的复音连词，表示递进关系，《史记》中共出现 6 例：

（8）今纵不能罢边屯戍，而又饬兵厚卫，其罢卫将军军。（孝文本纪）

（9）夫子获罪于君以在此，惧犹不足，而又可以畔乎？（吴太伯世家）

（10）楚王怒曰："秦诈我而又强要我以地！"（楚世家）

（11）人或说秦昭王曰："孟尝君贤，而又齐族也，今相秦，必先齐而后秦，秦其危矣。"（孟尝君列传）

（12）至莫府，广谓其麾下曰："广结发与匈奴大小七十余战，今幸从大将军出接单于兵，而大将军又徙广部行回远，而又迷失道，岂非天哉！且广年六十余矣，终不能复对刀笔之吏。"（李将军列传）

（13）于是天子察其行敦厚，辩论有余，习文法吏事，而又缘饰以儒术，上大说之。（平津侯主父列传）

以上句子中，"而又"前后连接的不是同类事件，"又"的副词意义已经弱化，与"而"融合凝固为复音递进连词。

（二）"况"类连词

"况"本是副词，表示程度的加深。《词诠》卷三："表态副词，滋也，益也。""况"由副词转化为连词后，表示递进关系。《助字辨略》卷四："义转而益进，则云况也。"

1. 单音递进连词"况"

"况"在《史记》中作为递进连词使用，一般出现在让步进逼的递进复句中，共出现 28 例，如：

（14）纣大说，曰："此一物足以释西伯，况其多乎。"（周本纪）

（15）甘棠且思之，况其人乎？（燕召公世家）

（16）太史公曰：晋文公，古所谓明君也，亡居外十九年，至困

约，及即位而行赏，尚忘介子推，况骄主乎？（晋世家）

（17）祝聸请从之，郑伯止之，曰："犯长且难之，况敢陵天子乎？"（郑世家）

（18）甚哉，妃匹之爱，君不能得之于臣，父不能得之于子，况卑下乎！（外戚世家）

（19）王者尚不能行之于臣下，况同列乎！（伍子胥列传）

（20）此一人之身，富贵则亲戚畏惧之，贫贱则轻易之，况众人乎！（苏秦列传）

（21）及不忍魏齐，卒困于大梁，庸夫且知其不可，况贤人乎？（平原君虞卿列传）

（22）齐亡大夫闻之，曰："王蜀，布衣也，义不北面于燕，况在位食禄者乎！"（田单列传）

（23）太史公曰：夫以汲、郑之贤，有势则宾客十倍，无势则否，况众人乎！（汲郑列传）

（24）贰师将军与哆、始成等计："至郁成尚不能举，况至其王都乎？"（大宛列传）

（25）此皆学士所谓有道仁人也，犹然遭此菑，况以中材而涉乱世之末流乎？（游侠列传）

递进连词"况"出现在后半句中，前半句表示让步，后半句则是进逼。

2."况"类递进连词

《史记》中还有"况乃""又况""又况于""况乎""而况乎""况于""而况""而况于"等复音递进连词，我们称之为"况"类连词。

1）"况乃"。《史记》中，"况乃"只出现 1 例：

（26）自《诗》《书》称三代"戎狄是膺，荆荼是征"，齐桓越燕伐山戎，武灵王以区区赵服单于，秦缪用百里霸西戎，吴楚之君以

诸侯役百越。况乃以中国一统，明天子在上，兼文武，席卷四海，内辑亿万之众，岂以晏然不为边境征伐哉！（建元以来侯者年表）

考察《左传》《论语》《孟子》《淮南子》《盐铁论》，均未出现复音递进连词"况乃"用例，应为新产生的复音递进连词。

2）"又况""又况于"。《史记》中"又况"出现 2 例[1]，"又况于"出现 1 例[2]：

（27）夫以秦王之暴而积怒于燕，足为寒心，又况闻樊将军之所在乎？（刺客列传）

（28）臣请与大王提剑而归汉，汉王必裂地而封大王，又况淮南，淮南必大王有也。（黥布列传）

（29）秦乃在河西晋，去梁千里，而祸若是矣，又况于使秦无韩，有郑地，无河山而阑之，无周韩而间之，去大梁百里，祸必由此矣。（魏世家）

"又况""又况于"在《淮南子》中有用例出现，不是新产生的复音递进连词。

3）"况乎""而况乎"。《史记》中"况乎"出现 1 例，"而况乎"出现 1 例：

（30）举踵思慕，若枯旱之望雨。鳌夫为之垂涕，况乎上圣，又恶能已？（司马相如列传）

（31）夫鸟兽之于不义也尚知辟之，而况乎丘哉！（孔子世家）

"况乎"在《盐铁论》中出现过，不是新产生的复音递进连词；"而况乎"在《淮南子》《盐铁论》中均未出现，是新产生的复音递进连词。

4）"况于""而况于"。"况于"在《史记》中出现 4 例：

---

[1] 赵琴在《〈淮南子〉连词研究》中提出"又况"用作递进连词，共出现 29 例。

[2] 赵琴在《〈淮南子〉连词研究》中提出"又况乎""又况夫""而又况"表示递进关系，各出现 1 例。《史记》中，以上三个递进连词都未出现，只有"又况于"1 例。

（32）臣犹知之，况于君乎？（晋世家）

（33）儒者一师而俗异，中国同礼而教离，况于山谷之便乎？（赵世家）

（34）及其贵极富溢，一夫开说，身折势夺而以忧死，况于羁旅之臣乎！（穰侯列传）

（35）今君与廉颇同列，廉君宣恶言而君畏匿之，恐惧殊甚，且庸人尚羞之，况于将相乎！（廉颇蔺相如列传）

“况于”在《淮南子》中有用例，不是新产生的复音递进连词。

“而况于”在《史记》中出现4例：

（36）自含戴角之兽见犯则校，而况于人怀好恶喜怒之气？（律书）

（37）所求于晋者，不至顿刃接兵，而况于攻城围邑乎？（越王勾践世家）

（38）子义闻之，曰：“人主之子，骨肉之亲也，犹不能持无功之尊，无劳之奉，而守金玉之重也，而况于予乎？”（赵世家）

（39）此于亲戚若此，而况于仇雠之国乎？（魏世家）

“而况于”在《盐铁论》中有用例，不是新产生的复音递进连词。

5）“而况”。“而况”有5例：

（40）自子夏，门人之高弟也，犹云“出见纷华盛丽而说，入闻夫子之道而乐，二者心战，未能自决”，而况中庸以下，渐渍于失教，被服于成俗乎？（礼书）

（41）及其调和谐合，鸟兽尽感，而况怀五常，含好恶，自然之势也？（乐书）

（42）夫罪轻且督深，而况有重罪乎？（李斯列传）

（43）且夫清道而后行，中路而后驰，犹时有衔橛之变，而况涉乎蓬蒿，驰乎丘坟，前有利兽之乐而内无存变之意，其为祸也不亦

难矣！（司马相如列传）

（44）夫千乘之王，万家之侯，百室之君，尚犹患贫，而况匹夫编户之民乎！（货殖列传）

《史记》里没有"何况"的用例。李爱红[1]在调查《盐铁论》时，有2例"何况"的使用情况：

（45）故布衣皆得风议，何况公卿之史乎？（盐·刺议）

（46）诸生若有能安集国中，怀来远方，使边境无寇虏之灾，租税尽为诸生除之，何况盐、铁、均输乎！（盐·国疾）

赵琴（2010）在调查《淮南子》的递进连词时，发现在《淮南子》中也有2例"何况"用作递进连词的情况，如：

（47）是故鞭噬狗，策蹶马，而欲教之，虽伊尹、造父弗能化。欲寅之心亡于中，则饥虎可尾，何况狗马之类乎？（淮·原道）

另外，《淮南子》中还出现"何况乎"1次、"何况夫"1次，这些都是《史记》中没有的。

（三）"且"

1. 递进连词"且"的使用情况

"且"也可以作为递进连词，出现在递进关系的复句之中，共出现4例，如：

（48）献公即位，镇抚边境，徙治栎阳，且欲东伐，复缪公之故地，修缪公之政令。（秦本纪）

（49）还反国，范蠡以为大名之下，难以久居，且勾践为人可与同患，难与处安，为书辞勾践曰：……（越王勾践世家）

（50）且陛下病甚，大臣震恐，不见臣等计事，顾独与一宦者绝乎？且陛下独不见赵高之事乎？（樊郦滕灌列传）

"且"连接的后项另起一话题，与前项非指同一事类，在表达上，

---

[1] 李爱红.《盐铁论》虚词研究. 华东师范大学学位论文，2006年.

有进层的关系，在（49）（50）句中体现尤为明显。（49）（50）句，"且"后连接分句，"勾践""陛下"为另一主语提起话题。

2. "且又""又且"

连词"且"与副词"又"凝固成复音连词"且又"，表示递进，《史记》中共有10例，如：

（51）今裯非适嗣，且又居丧意不在戚而有喜色，若果立，必为季氏忧。（鲁周公世家）

（52）晋公子贤，而其从者皆国相，且又同姓。（晋世家）

（53）锏人曰："新王下法，有敢馕王从王者，罪及三族，且又无所得食。"（楚世家）

（54）我不如往，往何遽必辱，且又何至是！（郑世家）

（55）文公弟叔詹曰："重耳贤，且又同姓，穷而过君，不可无礼。"（郑世家）

（56）春申君曰："足下置之，李园，弱人也，仆又善之，且又何至此！"（春申君列传）

（57）景帝曰："错所穿非真庙垣，乃外堧垣，故他官居其中，且又我使为之，错无罪。"（张丞相列传）

（58）今文君已失身于司马长卿，长卿故倦游，虽贫，其人材足依也，且又令客，独奈何相辱如此！（司马相如列传）

（59）乌孙国分，王老，而远汉，未知其大小，素服属匈奴日久矣，且又近之，其大臣皆畏胡，不欲移徙，王不能专制。（大宛列传）

"且又"在《淮南子》《盐铁论》中均未出现用例，是新兴复音递进连词。

另有"又且"1例，表示递进关系：

（60）言楼船数期不会，具以素所意告遂，曰："今如此不取，恐为大害，非独楼船，又且与朝鲜共灭吾军。"（朝鲜列传）

"又且"在《淮南子》中已出现，不是新兴的复音递进连词。

（四）"而又""又况""且又""又且""又况于"的语法化过程

副词"又"和单音递进连词"而""况""且"凝固成双音递进连词"而又""况于""且又""又且"，"又"和复音递进连词"况于"凝固成三音递进连词"又况于"。

副词"又"本在递进连词之前，表示一种程度的加强，组合后逐渐由副词转为递进连词，与其后的递进连词组合为复音递进连词。如：

（61）申叔跪从其父将适郢，遇之，曰："异哉！夫子有三军之惧，而又有桑中之喜，宜将窃妻以逃者也。"（左·成公二年）

（62）秦桓公既与晋厉公为令狐之盟，而又召狄与楚，欲道以伐晋，诸侯是以睦于晋。（左·成公十三年）

（63）匹夫而有天下者，德必若舜禹，而又有天子荐之者，故仲尼不有天下。（孟·万章上）

（61）句，"而又"之前是"有三军之惧"，后是"有桑中之喜"，"而又"是连词与副词的联合，还不是递进连词；（62）句"而又"之前是"为令狐之盟"，"而又"之后是"召狄与楚"，前后属于同一事类，"而又"这时也是连词和副词的组合，还不是复音递进连词；（63）句，"而又"的前后叙述内容也属于同一事类，"而又"不是递进连词。

（64）曹人请于晋曰："自我先君宣公即位，国人曰：'若之何忧犹未弭？'而又讨我寡君，以亡曹国社稷之镇公子，是大泯曹也。……"（左·成公十六年）

（65）公命子鱼，子鱼辞，曰："能以国让，仁孰大焉？臣不及也，且又不顺。"（左·僖公八年）

上面例句中，"而又"前后不是同类事件，"又"的副词意义已经逐渐弱化，"而又""且又"逐步向复音递进连词转化。

三、小结

考察《史记》中递进连词的出现、使用情况，结论如下。

1.《史记》中递进连词共有 14 个，共计 75 例，占《史记》连词总量的 0.86%。

2."况"是此期使用频率最高的递进连词。单音递进连词"况"联合其他成分组合凝固成"况"类复音递进连词"况乃""又况""又况于""况乎""而况乎""况于""而况于""而况"。单音递进连词"且"联合其他成分组合凝固成"且"类复音递进连词"且又""又且"。单音递进连词"而"联合其他成分组合凝固成"而"类复音递进连词"而又"。

3. 单音递进连词与副词"又"的组合凝固能力最强，"又"与《史记》中递进连词均能组合凝固，形成复音递进连词"而又""又况""且又"。而且"且"与"又"的组合凝固格式有"且又""又且"两种。

4.《史记》中出现了新的双音递进连词"且又"10 例，新产生了复音递进连词"况乃"1 例，新产生三音节递进连词"而况乎"1 例。

第六章　假设连词

假设连词一般用于假设复句的前一分句，表示假设关系。甲骨卜辞中没有假设连词的用例。周秦时代，假设连词大量产生。主要的假设连词有"若""苟""即""诚"等。

一、假设连词研究的基本情况

假设连词的研究，有虚词专著和语法史专著进行归纳，另外还有专题论文进行探讨。对于专题论文的探讨，主要体现在三个方面：一是对假设连词语法化进行具体或分类考察，如陈丽[1]、孔力雅[2]、马贝加[3]、郑丽[4][5]、曾晓洁[6]、潘志刚[7]、周滢照[8]、张国艳[9]的文章，主要围绕"使"类、"如果"类、"即"类假设连词进行分析，梳理其产生、发展的脉络及虚化过程。二是对假设复句及假设连词

[1] 陈丽. 假设连词"使"的语法化动因. 温州大学学报（社会科学版），2009 年第 4 期.

[2] 孔力雅. "如果"类假设关联词的多角度研究. 湘潭大学学位论文，2007 年.

[3] 马贝加. "要"的语法化. 语言研究，2002 年第 4 期.

[4] 郑丽. 古汉语假设连词"使"的来源及虚化过程. 南京林业大学学报（人文社会科学版），2008 年第 2 期.

[5] 郑丽. "若"类让步连词的语法化及相关问题考察. 中南大学学报（社会科学版），2010 年第 4 期.

[6] 曾晓洁. 隋前佛经中假设类复音连词调查. 湖南第一师范学报，2004 年第 3 期.

[7] 潘志刚. 论敦煌变文中的"忽"类假设连词. 敦煌研究，2011 年第 1 期.

[8] 周滢照，陈丽. 假设连词"即"的产生和发展. 宁夏大学学报（人文社会科学版），2011 年第 4 期.

[9] 张国艳. 假设连词"节""即"使用情况研究——兼考《墨子·备城门》以下诸篇的成书时代. 广西社会科学，2007 年第 1 期.

的关系进行探讨，如何锋兵[1]、谢晓明[2]的专题论文，对假设复句进行专题研究，其中对一些假设连词的产生进行了独到的分析。三是对假设连词进行综述，如陈丽[3]的文章，对虚词专著和语法史专著中涉及的假设连词进行了回顾和总结。

二、《史记》中的假设连词

《史记》中出现的假设连词有若、如、苟、即、诚、使、设、果、厥、微、若非、如非、有如、如有、诚使、诚令、乡（向）使、藉（借）使、假使、假令、向令、弟令、如令、若使、忽然、自非，共26个、333例。具体出现次数及所占比例见表6.1～表6.3。

表6.1 《史记》中假设连词使用情况

假设连词	相关数据	假设连词使用次数	占假设连词总量百分比（%）
若	若	92	27.63
	若非	1	0.30
如	如	10	3.00
	如非	1	0.30
	有如	7	2.10
	如有	3	0.90
苟		31	9.31
即		84	25.23
诚	诚	64	19.22
	诚使	2	0.60
	诚令	2	0.60

[1] 何锋兵. 中古汉语假设复句及假设连词专题研究. 南京师范大学学位论文, 2005年.
[2] 谢晓明. 假设类复句关系词语连用情况考察. 汉语学报, 2010年第2期.
[3] 陈丽, 马贝加. 汉语假设连词研究的回顾与展望. 中南大学学报, 2011年第1期.

续表

相关数据 假设连词		假设连词使用次数	占假设连词总量 百分比（%）
使	使	6	1.80
	乡（向）使	9	2.70
	藉（借）使	2	0.60
	假使	1	0.30
设		1	0.30
假令		4	1.20
果		1	0.30
向令		1	0.30
弟令		1	0.30
如令		1	0.30
厥		1	0.30
微		5	1.50
若使		1	0.30
忽然		1	0.30
自非		1	0.30
共计		333	100

表 6.2   《史记》中单音假设连词使用情况

相关数据 单音假设连词	单音假设连词使用次数	占单音假设连词总量 百分比（%）
若	92	31.19
如	10	3.39
苟	31	10.51
即	84	28.47
诚	64	21.69
使	6	2.03

相关数据 ＼ 单音假设连词	单音假设连词使用次数	占单音假设连词总量百分比（％）
设	1	0.34
果	1	0.34
厥	1	0.34
微	5	1.69
共计	295	100

表 6.3　《史记》中复音假设连词使用情况

相关数据 ＼ 复音假设连词	复音假设连词使用次数	占复音假设连词总量百分比（％）
若非	1	2.63
如非	1	2.63
有如	7	18.42
如有	3	7.89
诚使	2	5.26
诚令	2	5.26
乡（向）使	9	23.68
藉（借）使	2	5.26
假使	1	2.63
假令	4	10.53
向令	1	2.63
弟令	1	2.63
如令	1	2.63
若使	1	2.63
忽然	1	2.63
自非	1	2.63
共计	38	100

　　《史记》中假设连词共 26 个，其中单音假设连词 10 个，复音假设连词 16 个。单音假设连词出现次数最多的是"若"，共出现 92 例，占单音假设连词总量的 31.19%；其次是"即"，共出现 84 例，占单音假设连词总量的 28.47%；再次是"诚"，共出现 64 例，占单音假设连词总量的 21.69%。复音假设连词使用数量最多的是"乡（向）使"，共出现 9 例，占复音假设连词总量的 23.68%；其次是"有如"，共出现 7 例，占复音假设连词总量的 18.42%；再次是"假令"，共出现 4 例，占复音假设连词总量的 10.53%。

　　单音假设连词"若"和"如"与"非"凝固为复音假设连词"若非""如非"。"若非""如非"均只出现 1 例。

　　单音假设连词"如"与"有"凝固成复音假设连词"如有""有如"的格式，"有如"出现次数多于"如有"。

　　单音假设连词"诚"与"使""令"凝固为复音假设连词"诚使""诚令"，"诚使""诚令"出现次数少，均只出现 2 例。

　　复音假设连词"假使""向令""弟令""如令""若使""忽然""自非"，均只出现 1 例。

（一）"若"类连词

　　"若"类假设连词有单音连词"若"和复音连词"若非"。

1. "若"的使用情况

　　"若"作为假设连词在《史记》中共出现 92 例，如：

　　（1）其逆入，若不轨道，以所犯命之；中坐，成形，皆群下从谋也。（天官书）

　　（2）重耳曰："若反国，所不与子犯共者，河伯视之！"（晋世家）

　　（3）使赵不将括即已，若必将之，破赵军者必括也。（廉颇蔺相如列传）

　　（4）不足者，虽守而责之十年，息愈多，急，即以逃亡自捐之。若急，终无以偿，上则为君好利不爱士民，下则有离上抵负之名，

非所以厉士民彰君声也。（孟尝君列传）

（5）吉，呈兆身正，若横吉安；不吉，身节折，首仰足开。（龟策列传）

"若"的位置在句子中不固定，多数在主语前，也有在主语后的情况：

（6）荣公若用，周必败也。（周本纪）

（7）君若悼之，则谢以质。（孔子世家）

（8）君若不非武王乎，则仆请终日正言而无诛，可乎？（商君列传）

（9）君王迁之江南，及以赐诸侯，亦惟命是听。若君王不忘厉、宣王，桓、武公，哀不忍绝其社稷，锡不毛之地，使复得改事君王，孤之愿也，然非所敢望也。（郑世家）

（10）今孔丘述三五之法，明周召之业，王若用之，则楚安得世世堂堂方数千里乎？（孔子世家）

（11）今王有德而当此宝，恐不敢受；王若遣之，宋必有咎。（龟策列传）

（12）王若能持功守威，绌攻取之心而肥仁义之地，使无后患，三王不足四，五伯不足六也。王若负人徒之众，仗兵革之强，乘毁魏之威，而欲以力臣天下之主，臣恐其有后患也。（春申君列传）

（13）王若不借路于仇雠之韩、魏，必攻随水右壤。（春申君列传）

（14）而阳文君子二人在中，王若卒大命，太子不在，阳文君子必立为后，太子不得奉宗庙矣。（春申君列传）

（15）寡人若不遣也，是渔者也。（龟策列传）

（16）王若欲伐之，必与天下图之。与天下图之，莫若结于赵。（乐毅列传）

（17）人若已卜不中，皆被之以卯，东向立，灼以荆若刚木，土卯指之者三，持龟以卯周环之。（龟策列传）

从以上举例可以看出，主语为"王"等时，"若"大多数情况在主语之后，在《史记》中只找到"若君王不忘……"这样1个"若"在主语前的例子。当"若"连接国名时，位置如下：

（18）谨守成皋。若汉挑战，慎勿与战，无令得东而已。（高祖本纪）

（19）赵南据大河，北有燕、代，楚虽胜秦，不敢制赵。若楚不胜秦，必重赵。（陈涉世家）

（20）今天子建诸侯，立其少，是教民逆也。若鲁从之，诸侯效之，王命将有所壅；若弗从而诛之，是自诛王命也。（鲁周公世家）

（21）是子破齐以为功，挟晋以为重；是子破齐定封，秦、晋交重子。若齐不破，吕礼复用，子必大穷。（孟尝君列传）

（22）齐秦相取以临三晋，吕礼必并相矣，是子通齐以重吕礼也。若齐免于天下之兵，其雠子必深矣。（孟尝君列传）

（23）赵若受我，秦怒，必攻赵。（白起王翦列传）

（24）夫韩见必亡，安得不听乎？若韩听，而霸事因可虑矣。（范雎蔡泽列传）

（25）且又淮北、宋地，楚魏之所欲也，赵若许而约，四国攻之，齐可大破也。（乐毅列传）

从以上的例子中可以看出，主语为国名如"赵""齐"等时，假设连词"若"既可以在主语前，也可以在主语后。通过对《史记》的调查，假设连词"若"在这种情况下在主语前的情况居多。

假设连词"若"还经常与"则"搭配使用，如：

（26）周王病若死，则犯必死矣。（周本纪）

（27）屈完曰："君以道则可；若不，则楚方城以为城，江、汉

以为沟，君安能进乎？"（齐太公世家）

（28）狐偃曰："楚新得曹而初婚于卫，若伐曹、卫，楚必救之，则宋免矣。"（晋世家）

（29）惠王之所以身不死，国不分者，二家谋不和也。若从一家之谋，则魏必分矣。（魏世家）

（30）所说实为厚利而显为名高者也，而说之以名高，则阳收其身而实疏之；若说之以厚利，则阴用其言而显弃其身。（老子韩非列传）

（31）诚得劫秦王，使悉反诸侯侵地，若曹沫之与齐桓公，则大善矣；则不可，因而刺杀之。（刺客列传）

这种"若……则……"的搭配方式从先秦到中古，使用得都比较普遍，如：

（32）欲与大叔，臣请事之；若弗与，则请除之。（左·隐公元年）

（33）然于哭地必有死丧，率声若多，则为大家；声若小，则为小家。（搜·卷十二）

（34）许柳儿思妣者至佳，诸公欲全之，若全思妣，则不得不为陶全让。（世·政事）

（35）但韩卢天下之疾狗，东郭骏欲内狡兔，此狗若指兔规之，则指十然十；若指虎而规之，亦至十指十；若指空中规之，则累世逐空而不得一。（敦·前汉刘家太子传）

（36）师云："你莫闹，我若称断，是你嘱我；你若称断，我则嘱你。"（祖·卷二）

在《盐铁论》中有1例"若则"用作假设连词的例子[1]：

---

[1] 李爱红.《盐铁论》虚词研究.华东师范大学学位论文,2006年.据该论文考察，"若则"的异文为"若使"，推断此处"若则"中的"则"是衍字或误字。

（37）文学曰："孟子云：'不违农时，谷不可胜食。蚕麻以时，布帛不可胜衣也。斧斤以时，材木不可胜用。田渔以时，鱼肉不可胜食。'若则饰宫室，增台榭，梓匠斫巨为小，以圆为方，上成云气，下成山林，则材木不足用也。……"（盐·通有）

2. "若非"

　　在《史记》中，还有 1 例"若非"的例子，表示"如果不是……"：

（38）子曰："若非《武》音，则何音也？"（乐书）

（二）"如"类连词

　　"如"类连词有单音假设连词"如"和复音假设连词"如非""有如""如有"。

1. 假设连词"如"的使用情况

　　"如"在《史记》中用作假设连词共出现 10 例，表示"如果"，如：

（39）富辰曰："吾数谏不从，如是不出，王以我为怼乎？"（周本纪）

（40）及振铎之梦，岂不欲引曹之祀者哉？如公孙强不修厥政，叔铎之祀忽诸。（管蔡世家）

（41）詹曰："君如弗礼，遂杀之；弗杀，使即反国，为郑忧矣。"（郑世家）

（42）孔子曰："鲁今且郊，如致膰乎大夫，则吾犹可以止。"（孔子世家）

（43）故曰"富贵如可求，虽执鞭之士，吾亦为之。如不可求，从吾所好"。（伯夷列传）

（44）白公如不自立为君者，其功谋亦不可胜道者哉！（伍子胥列传）

（45）今赖先生得复其位，客亦有何面目复见文乎？如复见文

者，必唾其面而大辱之。（孟尝君列传）

（46）竖子不用臣之策，故令自夷于此。如彼竖子用臣之计，陛下安得而夷之乎！（淮阴侯列传）

2. "如非"

在《史记》中有 1 例"如非……"的用例，表示"如果不是……"：

（47）答曰："有司失其传也。如非有司失其传，则武王之志荒矣。"（乐书）

3. "有如""如有"

1）"有如"。"有如"是假设连词，在《史记》中出现 7 例，表示"假如""万一"：

（48）有如痤死，赵不予王地，则王将奈何？（魏世家）

（49）痤因上书信陵君曰："痤，故魏之免相也，赵以地杀痤而魏王听之，有如强秦亦将袭赵之欲，则君且奈何？"（魏世家）

（50）臣之兄已代父侯矣，有如卒，子当代，亚夫何说侯乎？（绛侯周勃世家）

（51）会座病，魏惠王亲往问病，曰："公叔病有如不可讳，将奈社稷何？"（商君列传）

（52）括母因曰："王终遣之，即有如不称，妾得无随坐乎？"（廉颇蔺相如列传）

（53）相提而论，是自明扬主上之过。有如两宫螫将军，则妻子毋类矣。（魏其武安侯列传）

（54）太后日夜涕泣，幸大王自改，而大王终不觉寤。有如太后宫车即晏驾，大王尚谁攀乎？（韩长孺列传）

"有如"作为假设连词，后面连接的语义成分一般为消极或极其不利的情况，如"死""卒"等。

"有如"在《盐铁论》中有用例，所以不是新产生的连词。

2）"如有"。"如有"可用作假设连词，表示"如果""假如""倘若"，在《史记》中共出现 3 例：

（55）今秦，虎狼之国也，而君欲往，如有不得还，君得无为土禺人所笑乎？（孟尝君列传）

（56）君急使使载币阴迎孟尝君，不可失时也。如有齐觉悟，复用孟尝君，则雌雄之所在未可知也。（孟尝君列传）

（57）淮南王为人刚，如有遇雾露行道死，陛下竟为以天下之大弗能容，有杀弟之名，奈何？（袁盎晁错列传）

"如有"在连接假设成分时，其成分也多趋向于消极或不利的方面。

4. 假设连词"如""若"的对比分析

假设连词"若"在《史记》中出现 92 例，是使用比较频繁的一个假设连词；假设连词"如"出现 10 例，与"若"相比，使用频率较低。周法高（1961）认为"如""若"是一词，之所以不同，其原因是方音或者习惯。孙良明（1994）提出"若"在东汉逐渐被"如"替代。在《论衡》中假设连词"如"的使用数量明显超过"若"。

（三）"苟"

"苟"在《史记》中作为假设连词，用于假设复句的第一分句，表示假设关系，共出现 31 例，如：

（58）人苟生之为见，若者必死；苟利之为见，若者必害；怠惰之为安，若者必危；情胜之为安，若者必灭。（礼书）

（59）使者曰："苟如此，子何欲而然？"（平准书）

（60）太子与良夫言曰："苟能入我国，报子以乘轩，免子三死，毋所与。"（卫康叔世家）

（61）孔子喟然叹曰："苟有用我者，期月而已，三年有成。"（孔子世家）

（62）上曰："苟各有主者，而君所主者何事也？"（陈丞相世家）

（63）因效金三百斤，曰："秦兵苟退，请必言子于卫君，使子为南面。"（樗里子甘茂列传）

（64）今诸王苟能存亡继绝，振弱伐暴，以安刘氏，社稷之所原也。（吴王濞列传）

（65）王曰："苟如公言，不可徼幸邪？"（淮南衡山列传）

（四）"即"

1. 假设连词"即"的使用情况

"即"作为假设连词，在《史记》中共出现 84 例，如：

（66）秦吏卒多窃言曰："章将军等诈吾属降诸侯，今能入关破秦，大善；即不能，诸侯虏吾属而东，秦必尽诛吾父母妻子。"（项羽本纪）

（67）太子曰："吾君老矣，非骊姬，寝不安，食不甘。即辞之，君且怒之。不可。"（晋世家）

（68）是时齐人主父偃知甲之使齐以取后事，亦因谓甲："即事成，幸言偃女愿得充王后宫。"（齐悼惠王世家）

（69）而汉王之将独韩信可属大事，当一面。即欲捐之，捐之此三人，则楚可破也。（留侯世家）

（70）臣善其令，请得使之，令下足下。即不听，足下举兵攻之，臣为内应。（郦生陆贾列传）

（71）今杀王毋寡而出善马，汉兵宜解；即不解，乃力战而死，未晚也。（大宛列传）

2. 假设连词"即"的来源

王克仲[1]（1990）提出："'即'字都是表示对未来事实的确认，所以上下文义中含有'是如何，将怎样'的意思，于是形成了假设

---

[1] 王克仲. 意合法对假设义类词形成的作用. 中国语文，1990 年第 6 期.

的语义。"

（五）"诚"

"诚"类连词有"诚""诚使""诚令"，"诚使""诚令"是《史记》中新产生的复音假设连词。

1. 假设连词"诚"的使用情况

在《史记》中，"诚"作为假设连词共出现64次，如：

（72）夷吾谓曰："诚得立，请割晋之河西八城与秦。"（秦本纪）

（73）其后庄熊罴言："临晋民愿穿洛以溉重泉以东万余顷故卤地。诚得水，可令亩十石。"（河渠书）

（74）公子诚一开口请如姬，如姬必许诺，则得虎符夺晋鄙军，北救赵而西却秦，此五霸之伐也。（魏公子列传）

（75）妾幸君未久，诚以君之重而进妾于楚王，王必幸妾；妾赖天有子男，则是君之子为王也，楚国尽可得，孰与身临不测之罪乎？（春申君列传）

（76）丹之私计愚，以为诚得天下之勇士使于秦，窥以重利；秦王贪，其势必得所愿矣。诚得劫秦王，使悉反诸侯侵地，若曹沫之与齐桓公，则大善矣；则不可，因而刺杀之。（刺客列传）

（77）夫樊将军，秦王购之金千斤，邑万家。诚得樊将军首与燕督亢之地图，奉献秦王，秦王必说见臣，臣乃得有以报。（刺客列传）

（78）范阳令乃使蒯通见武信君曰："足下必将战胜然后略地，攻得然后下城，臣窃以为过矣。诚听臣之计，可不攻而降城，不战而略地，传檄而千里定，可乎？"（张耳陈馀列传）

（79）臣愿披腹心，输肝胆，效愚计，恐足下不能用也。诚能听臣之计，莫若两利而俱存之，参分天下，鼎足而居，其势莫敢先动。（淮阴侯列传）

（80）今亡，唯王使人导送我。诚得至，反汉，汉之赂遗王财物

不可胜言。（大宛列传）

（81）今将军得金千斤，诚以其半赐王夫人之亲，人主闻之必喜。（滑稽列传）

2. "诚使" "诚令"

在《史记》中还出现了"诚使""诚令"等复音假设连词，"诚使"出现2例：

（82）我布衣，然见我常身自下我。诚使秦王得志于天下，天下皆为虏矣。（秦始皇本纪）

（83）故士穷窘而得委命，此岂非人之所谓贤豪间者邪？诚使乡曲之侠，予季次、原宪比权量力，效功于当世，不同日而论矣。（游侠列传）

《淮南子》《盐铁论》中都没有出现"诚使"，"诚使"是新产生的复音假设连词。

"诚令"出现2例：

（84）信曰："仆闻之，百里奚居虞而虞亡，在秦而秦霸，非愚于虞而智于秦也，用与不用，听与不听也。诚令成安君听足下计，若信者亦已为禽矣。"（淮阴侯列传）

（85）吴有铜盐利则有之，安得豪桀而诱之！诚令吴得豪桀，亦且辅王为义，不反矣。（吴王濞列传）

（六）"使"

1.《史记》中"使"的出现情况

"使"用作假设连词，在《史记》中只出现6例：

（86）诚臣计画有可采者，[愿]大王用之；使无可用者，金具在，请封输官，得请骸骨。（陈丞相世家）

（87）上怒曰："使张敖据天下，岂少而女乎！"（张耳陈馀列传）

（88）释之前进曰："使其中有可欲者，虽锢南山犹有郤；使其

中无可欲者，虽无石椁，又何戚焉！"（张释之冯唐列传）

（89）使圣人预知微，能<u>使</u>良医得蚤从事，则疾可已，身可活也。（扁鹊仓公列传）

（90）及闻淮南王金事，上曰："使武安侯在者，族矣。"（魏其武安侯列传）

在"使无可用者"中，有"诚"对应；"能<u>使</u>良医得蚤从事"中的"使"是动词"使得"。

2. 与"使"组成的复音假设连词

"使"又与"藉（借）""假""诚""乡（向）"组成复音假设连词，出现在复句中（"诚使"的例子见上面"诚"例）：

（91）藉使子婴有庸主之材，仅得中佐，山东虽乱，秦之地可全而有，宗庙之祀未当绝也。（秦始皇本纪）

（92）借使秦王计上世之事，并殷周之迹，以制御其政，后虽有淫骄之主而未有倾危之患也。（秦始皇本纪）

（93）乡使二世有庸主之行，而任忠贤，臣主一心而忧海内之患，缟素而正先帝之过，裂地分民以封功臣之后，建国立君以礼天下，虚囹圄而免刑戮，除去收帑汙秽之罪，使各反其乡里，发仓廪，散财币，以振孤独穷困之士，轻赋少事，以佐百姓之急，约法省刑以持其后，使天下之人皆得自新，更节修行，各慎其身，塞万民之望，而以威德与天下，天下集矣。（秦始皇本纪）

（94）贾谊、司马迁曰："向使婴有庸主之才，仅得中佐，山东虽乱，秦之地可全而有，宗庙之祀未当绝也。"（秦始皇本纪）

（95）乡使文王疏吕尚而不与深言，是周无天子之德，而文武无与成其王业也。（范雎蔡泽列传）

（96）假使臣得同行于箕子，可以有补于所贤之主，是臣之大荣也，臣有何耻？（范雎蔡泽列传）

（97）乡使管子幽囚而不出，身死而不反于齐，则亦名不免为辱人贱行矣。（鲁仲连邹阳列传）

（98）乡使曹子计不反顾，议不还踵，刎颈而死，则亦名不免为败军禽将矣。（鲁仲连邹阳列传）

（99）乡使政诚知其姊无濡忍之志，不重暴骸之难，必绝险千里以列其名，姊弟俱僇于韩市者，亦未必敢以身许严仲子也。（刺客列传）

（100）向使四君却客而不内，疏士而不用，是使国无富利之实而秦无强大之名也。（李斯列传）

（101）乡使秦已并天下，行仁义，法先圣，陛下安得而有之？（郦生陆贾列传）

（102）向使秦缓其刑罚，薄赋敛，省繇役，贵仁义，贱权利，上笃厚，下智巧，变风易俗，化于海内，则世世必安矣。（平津侯主父列传）

在《史记》中，"乡（向）使"9例，"藉（借）使"2例，"假使"1例，"诚使"2例。复音假设连词共出现14次。

3. 假设连词"使"出现少的原因

"使"作为假设连词在《史记》中有6例，而仅复音"乡（向）使"在《史记》中就出现9例，究其原因，我们认为在这一时期，"使"的词性比较复杂，有动词、名词、假设连词等用法，通过调查来看，动词、名词的用法较为普遍，这样也导致假设连词"使"在使用时，易与动词"使"混淆，而用相应的复音连词从音节数量上相区别，是解决动词"使"与假设连词"使"易混淆的办法之一。

（七）"设"

"设"做虚词使用，只用作假设连词，在《史记》中只出现1例：

（103）此特帝在，即录录，设百岁后，是属宁有可信者乎？（魏其武安侯列传）

"设"在《史记》中主要用作动词，表示"设置""安置"，如：

（104）又置寿宫、北宫，张羽旗，设供具，以礼神君。（孝武本纪）

（105）其后齐中衰，管子修之，设轻重九府，则桓公以霸，九合诸侯，一匡天下；而管氏亦有三归，位在陪臣，富于列国之君。（货殖列传）

"设"做动词使用很普遍，做假设连词使用只有 1 例，而复音假设连词"假设""设使""设若""设令"等更无一例，说明此时"设"还处于由动词到连词的语法化过程的初始阶段。

（八）"假令"

在《史记》中，"假"用作动词，表示"借"，如：

（106）孟尝君问之，对曰："有贤者，窃假与之，以故不致入。"（孟尝君列传）

（107）文君久之不乐，曰："长卿第俱如临邛，从昆弟假贷犹足为生，何至自苦如此！"（司马相如列传）

在《史记》中，单音"假"没有用作假设连词的例子。

在《史记》中有 4 例"假令"[1]：

（108）假令晏子而在，余虽为之执鞭，所忻慕焉。（管晏列传）

（109）张仪曰："秦强楚弱，臣善靳尚，尚得事楚夫人郑袖，袖所言皆从。且臣奉王之节使楚，楚何敢加诛。假令诛臣而为秦得黔中之地，臣之上愿。"（张仪列传）

（110）假令韩信学道谦让，不伐己功，不矜其能，则庶几哉，

---

[1] 另有 1 例"假使"，见上文（96）。

于汉家勋可以比周、召、太公之徒，后世血食矣。（淮阴侯列传）

（111）今盗宗庙器而族之，有如万分之一，假令愚民取长陵一抔土，陛下何以加其法乎？（张释之冯唐列传）

（九）"果"

"果"在《史记》中主要用作副词，表示事情和期望或预料相合，如果表示不和预期相合，用"不果"来表示，如：

（112）代王乃笑谓宋昌曰："果如公言。"（孝文本纪）

（113）王始不从，乃使子胥于齐，闻其讬子于鲍氏，王乃大怒，曰："伍员果欺寡人！"（越王勾践世家）

（114）魏王日闻其毁，不能不信，后果使人代公子将。（魏公子列传）

（115）吴楚反，闻，晁错谓丞史曰："夫袁盎多受吴王金钱，专为蔽匿，言不反。今果反，欲请治盎宜知计谋。"（袁盎晁错列传）

"果"在《史记》中用作假设连词只出现 1 例：

（116）是以圣人果可以利其国，不一其用；果可以便其事，不同其礼。（赵世家）

上句中的"果"是假设连词，出现在假设复句中，表示"如果"。

（十）"向令""弟令""如令"

1. "向令""弟令""如令"在《史记》中的出现情况

《史记》中，"令"主要用作动词和名词，没有用作连词的用例。由"令"组成的复音词，有做假设连词的用例，出现在假设复句之中，表示"假如""如果"。《史记》中"向令"做假设连词出现 1例：

（117）太史公曰：怨毒之于人甚矣哉！王者尚不能行之于臣下，况同列乎！向令伍子胥从奢俱死，何异蝼蚁。（伍子胥列传）

"弟令"出现 1 例：

（118）胶西群臣或闻王谋，谏曰："承一帝，至乐也。今大王与吴西乡，弟令事成，两主分争，患乃始结。诸侯之地不足为汉郡什二，而为畔逆以忧太后，非长策也。"（吴王濞列传）

"如令"的例子如：

（119）尝从行，有所冲陷折关及格猛兽，而文帝曰："惜乎，子不遇时！如令子当高帝时，万户侯岂足道哉！"（李将军列传）

2. 复音假设连词"令"出现的原因

"令"主要用作动词，表示"命令""使令"，也可用作名词。在《史记》中，用作动词和名词的情况很普遍，语法化的过程应该还未进行，所以没有"令"用作连词的例子。因为"令"身兼多种职能，所以即使表达假设关系时，也是与别的词语组成复音连词，而非单音"令"完成。

（十一）"厥"

"厥"在《史记》中出现的情况不多，仅有 1 例假设连词用例：

（120）厥有怒不臧，乃凶于而国，害于尔躬。（三王世家）

（十二）"微"

"微"也可以用作假设连词，表示"如果不是……"，在《史记》中出现的例子如：

（121）先时中山负齐之强兵，侵暴吾地，系累吾民，引水围鄗，微社稷之神灵，则鄗几于不守也。（赵世家）

（122）吴王曰："微子之言，吾亦疑之。"（伍子胥列传）

（123）荆轲曰："微太子言，臣愿谒之。今行而毋信，则秦未可亲也。夫樊将军，秦王购之金千斤，邑万家。诚得樊将军首与燕督亢之地图，奉献秦王，秦王必说见臣，臣乃得有以报。"（刺客列传）

（124）既罢，吕后侧耳于东箱听，见周昌，为跪谢曰："微君，太子几废。"（张丞相列传）

（125）赵王啮指出血，曰："先人失国，微陛下，臣等当虫出。公等奈何言若是！毋复出口矣！"（田叔列传）

（十三）"若使"

1. 假设连词"若使"的判定

"若使"在此期既可以用作假设连词，又是"若"和"使"组成的词组。在《淮南子》中，"若使"这两种用法都有用例，如：

（126）穆伯曰："闻伦为人，佞而不仁。若使闻伦下之，吾可以勿赏乎？若赏之，是赏佞人。佞人得志，是使晋国之武，舍仁而从佞。虽得鼓，将何所用之！"（人间训）

（127）夫事之所以难知者，以其窜端匿迹。立私于公，倚邪于正，而以胜惑人之心者也。若使人之怀于内者，与所见于外者，若合符节，则天下无亡国败家矣。（人间训）

（128）今夫毛嫱、西施，天下之美人，若使之衔腐鼠，蒙蝟皮，衣豹裘，带死蛇，则布衣韦带之人过者，莫不左右睥睨而掩鼻。（修务训）

（126）（127）中的"若使"，后面接主语，"若使"是一个假设连词。（128）中"若使"后是代词"之"，这样"使"为动词，"若使"是一个词组。

2. 《史记》中"若使"的出现情况

《史记》中"若使"只出现 1 次：

（129）臣请譬之。夫虎肉臊，其兵利身，人犹攻之也。若使泽中之麋蒙虎之皮，人之攻之必万于虎矣。（楚世家）

"若使"后接主语"泽中之麋"，因而此句中的"若使"是复音假设连词。

（十四）"忽然"

在《史记》中，有"忽然"用作假设连词的例子：

（130）合散消息兮，安有常则；千变万化兮，未始有极。忽然为人兮，何足控抟；化为异物兮，又何足患！（屈原贾生列传）

此句中，"忽然"之前强调的是千变万化，没有法则，并不是变化之快而使人措手不及。"忽然"之后，"为人""异物"对比，是为了说明不受控制以及不必忧患，强调的是变化之后的结果，也不是强调变化的突然。因而，这句话中的"忽然"是为了提出一种假设，是假设连词。

"忽然"用作假设连词，在中古时期的《敦煌变文集》中也有用例：

（131）若是生人须早语，忽然是鬼奔丘坟；问看不言惊动仆，利剑钢刀必损君！（敦·捉季布传文）

（132）朱解忽然来买口，商量莫共苦争论；忽然买仆身将去，擎鞭执帽不辞辛。（敦·捉季布传文）

（十五）"自非"

"自非"用作假设连词，查找先秦文献《左传》《论语》《孟子》等，只见《左传》中有1例：

（133）唯圣人能外内无患，自非圣人，外宁必有内忧。（左·成公十六年）

在《史记》中，"自非"用作假设连词，仅见1例[1]：

（134）自非然者，臣愿得少赐游观之间，望见颜色。（范雎蔡泽列传）

---

[1] 在《盐铁论》中，假设连词"自非"也仅见1例：
自非圣人，得志而不骄侮者，未之有也。（论功）

三、小结

考察《史记》中的假设连词，有如下结论。

1.《史记》中单音假设连词 10 个，复音假设连词 16 个，共 26 个，共出现 333 次，占《史记》连词总量的 3.83%。单音假设连词出现 295 例，复音假设连词出现 38 例。虽然复音假设连词在个数上多于单音假设连词，但使用频次上，明显少于单音假设连词。

2.“如”类假设连词“有如”“如有”连接的分句的意义多倾向于消极方面。

3.“诚使”“诚令”是新产生的复音假设连词。

第七章 让步连词

让步连词是在让步复句中，连接分句的一类虚词。《马氏文通·虚字卷·推拓连字》中说："推拓连字者，所以推开上文而展拓他意也"，"推拓连字，要皆用以连读而已"，"其拓开跌入之辞，则有'虽''纵'两字"。[1] "虽""纵"即为让步连词。

一、让步连词研究的基本情况

有关让步连词的研究，除了语法史专著和虚词专书进行阐述外，还有单篇的学术论文及学位论文。研究的重点主要是个案让步连词或让步连词系统的语法化过程。如凌瑜[2]、池昌海[3]、高文盛[4]、王志瑛[5]、徐朝红[6]、郑丽[7]都以个别让步连词或让步连词系统为考察对象，确定让步连词的标准及论述让步连词语法化过程。

---

[1] 马建忠. 马氏文通. 商务印书馆，1983 年.

[2] 凌瑜. 让步连词演变及语法功能研究例说. 浙江大学学位论文，2007 年.

[3] 池昌海. 让步连词"即使"的语法化. 江南大学学报（人文社会科学版），2008 年第 2 期.

[4] 高文盛，席嘉.《朱子语类》中的让步连词"虽"及相关问题. 江南大学学报（人文社会科学版），2005 年第 5 期.

[5] 王志瑛.《论衡》中的"虽然"不是复合连词. 汉字文化，1995 年第 1 期.

[6] 徐朝红. 从句法角度看连词"虽然"的产生. 湖南师范大学社会科学学报，2010 年第 3 期.

[7] 郑丽."若"类让步连词的语法化及相关问题考察. 中南大学学报（社会科学版），2010 年第 4 期.

二、《史记》中的让步连词

《史记》中让步连词有虽、犹、纵、即、尚犹、藉弟令，共 6 个，404 例。让步连词的使用情况如表 7.1。

表 7.1 《史记》中让步连词使用情况

相关数据 让步连词		让步连词使用次数	占让步连词总量百分比 （％）
虽		371	92.06
犹	犹	10	2.48
	尚犹	2	0.50
藉弟令		1	0.25
纵		16	3.97
即		3	0.74
共计		403	100

《史记》中让步连词共有 6 个，其中，单音让步连词 4 个（虽、犹、纵、即），复音让步连词 2 个（尚犹、藉弟令）。

《史记》中出现次数最多的让步连词是"虽"，共有 371 例，占让步连词总量的 92.06%，是最主要的让步连词；其次是"纵"，共出现 16 例，占让步连词总量的 3.97%；第三是"犹"，共出现 10 例，占让步连词总量的 2.48%。

复音让步连词只有"尚犹""藉弟令"，分别只出现 2 例和 1 例，使用程度不高。

单音让步连词"即"只出现 3 例，使用程度低。

（一）"虽"

"虽"作为让步连词，有事实让步和假设让步之分，共出现 371

例。《史记》中事实让步的例子如：

（1）纣师虽众，皆无战之心，心欲武王亟入。（周本纪）

（2）自是之后，名士迭兴，晋用咎犯，而齐用王子，吴用孙武，申明军约，赏罚必信，卒伯诸侯，兼列邦土，虽不及三代之诰誓，然身宠君尊，当世显扬，可不谓荣焉？（律书）

（3）秦哀公怜之，曰："楚虽无道，有臣若是，可无存乎!"（伍子胥列传）

（4）今秦虽破长平军，而秦卒死者过半，国内空。（白起王翦列传）

（5）秦虽善攻，不能取六县；赵虽不能守，终不失六城。（平原君虞卿列传）

（6）今寡人虽愚，不若纣之暴也；燕民虽乱，不若殷民之甚也。（乐毅列传）

（7）优旃曰："汝虽长，何益，幸雨立。我虽短也，幸休居。"（滑稽列传）

"虽"表示假设让步，如：

（8）天下虽有逆行之臣，必无响应之助矣。（秦始皇本纪）

（9）秦之积衰，天下土崩瓦解，虽有周旦之材，无所复陈其巧，而以责一日之孤，误哉！（秦始皇本纪）

（10）于是高祖嫚骂之曰："吾以布衣提三尺剑取天下，此非天命乎？命乃在天，虽扁鹊何益！"（高祖本纪）

（11）（子路）曰："太子焉用孔悝？虽杀之，必或继之。"（卫康叔世家）

（12）客曰："太子虽欲还，不得矣。彼劝太子战攻，欲啜汁者众。太子虽欲还，恐不得矣。"（魏世家）

（13）天方令秦平海内，其业未成，魏虽得阿衡之佐，曷益乎？

（魏世家）

（14）康子患盗，孔子曰："苟子之不欲，虽赏之不窃。"（孔子世家）

（15）良医知病人之死生，而圣主明于成败之事，利则行之，害则舍之，疑则少尝之，虽舜禹复生，弗能改已。（范雎蔡泽列传）

让步连词"虽"的位置既可以在主语之前，也可以在主语之后。

何锋兵（2005）统计了"虽"在《论语》《史记》《世说新语》中的使用情况[1]：

表 7.2　"虽"在不同时代的语义变化

语义	论语		史记		世说新语	
	用例数	所占比例（%）	用例数	所占比例（%）	用例数	所占比例（%）
表事实让步	9	30.00	40	65.57	56	91.80
表假设让步	21	70.00	21	34.43	5	8.20
总数	30		61		61	

从表中可以看出，"虽"从上古到中古，逐步由表假设让步向表事实让步转移。

在《盐铁论》中有 1 例"虽即"的用例[2]，在《史记》中没有出现"虽即"表示让步关系连词的情况。

---

[1] 何锋兵. 中古汉语假设复句及假设连词专题研究. 南京师范大学学位论文，2005 年.

[2] 李爱红.《盐铁论》虚词研究. 华东师范大学学位论文，2006 年."虽即"的用例为：

高皇帝龙飞凤举于宋、楚之间，山东子弟萧、曹、樊、郦、滕、灌之属为辅，虽即异世，亦即阅天、太颠而已。（国疾）

让步连词"虽则"在先秦未有，两汉文献也只有《盐铁论》有 1 例，六朝之后用例渐多。

（二）"犹""尚犹"

1．"犹"

"犹"作为让步连词，《史记》中共出现 10 例，如：

（16）夫子获罪于君以在此，惧犹不足，<u>而</u>又可以畔乎？（吴太伯世家）

（17）咎犯曰："臣从君周旋天下，过亦多矣。臣犹知之，<u>况</u>于君乎？请从此去矣。"（晋世家）

（18）子义闻之，曰："人主之子，骨肉之亲也，犹不能持无功之尊，无劳之奉，而守金玉之重也，<u>而况于</u>予乎？"（赵世家）

（19）夫一齐之强，燕犹狼顾而不能支，今以三齐临燕，其祸必大矣。（苏秦列传）

（20）阏氏乃说冒顿曰："今得汉地，犹不能居；<u>且</u>两主不相厄。"（韩信卢绾列传）

在"犹"做让步连词的句子中，后面的分句经常有"而""况""且"等表示递进的连词相配合，构成"犹……而……""犹……况……""犹……且……"的形式。

2．"尚犹"

在《史记》中还有"尚犹"用作复音让步连词的句子，共出现 2 次：

（21）且先王崩，尚犹遗德垂法，<u>况</u>夺之善人良臣百姓所哀者乎？（秦本纪）

（22）夫千乘之王，万家之侯，百室之君，尚犹患贫，<u>而况</u>匹夫编户之民乎！（货殖列传）

在"尚犹"用作复音让步连词的句子中，后半部分的分句有"况""而况"递进连词相配合，构成"尚犹……况……""尚犹……而况……"的格式。

（三）"藉弟令"

1. 复音让步连词"藉弟令"的使用情况

"藉弟令"作为让步连词，仅出现 1 例，表示"纵使""纵然"：

（23）召令徒属曰："公等遇雨，皆已失期，失期当斩。藉弟令毋斩，而戍死者固十六七。且壮士不死即已，死即举大名耳，王侯将相宁有种乎！"（陈涉世家）

2. "第（弟）"用作假设连词数量少的原因

"第（弟）"可以用作假设连词、让步连词等，但在《史记》中"第（弟）"没有用作假设连词的例子，让步连词的例子也只是"弟令""藉弟令"各 1 例。"第（弟）"在《史记》中主要的用法如下。

1）"第"表示"府第"，如：

（24）于是齐王嘉之，自如淳于髡以下，皆命曰列大夫，为开第康庄之衢，高门大屋，尊宠之。（孟子荀卿列传）

（25）武安由此滋骄，治宅甲诸第。（魏其武安侯列传）

（26）天子为治第，令骠骑视之，对曰："匈奴未灭，无以家为也。"（卫将军骠骑列传）

2）"第"表示序数词，如：

（27）列侯毕已受封，及奏位次，皆曰："平阳侯曹参身被七十创，攻城略地，功最多，宜第一。"（萧相国世家）

（28）于是孝文帝乃以绛侯勃为右丞相，位次第一；平徙为左丞相，位次第二。（陈丞相世家）

（29）治敢行，少蕴藉，县无逋事，举为第一。（酷吏列传）

3）"第（弟）"用作副词，表示"尽管""只管"，如：

（30）于是孙子谓田忌曰："君弟重射，臣能令君胜。"（孙子吴起列传）

（31）（韩信）阴使人至豨所，曰："弟举兵，吾从此助公。"（淮阴侯列传）

（32）司马曰："君弟去，臣亦且亡，辟吾亲，君何患！"（袁盎晁错列传）

（33）文帝曰："汝第往，吾今使人召若。"（张丞相列传）

（34）文君久之不乐，曰："长卿第俱如临邛，从昆弟假贷犹足为生，何至自苦如此！"（司马相如列传）

综合以上来看，"第（弟）"在《史记》中作为连词用法并不是主要的用法，原因需要再探讨。[1]

（四）"纵"

"纵"只用作让步连词，译为"即使"，在《史记》中共出现16例，如：

（35）且籍与江东子弟八千人渡江而西，今无一人还，纵江东父兄怜而王我，我何面目见之？纵彼不言，籍独不愧于心乎？（项羽本纪）

（36）今纵不能博求天下贤圣有德之人而禅天下焉，而曰豫建太子，是重吾不德也。（孝文本纪）

（37）杵臼谬曰："小人哉程婴！昔下宫之难不能死，与我谋匿赵氏孤儿，今又卖我。纵不能立，而忍卖之乎！"（赵世家）

（38）纵韩不能听我，韩必德王也，必不为雁行以来，是秦韩不和也，兵虽至，楚不大病也。（韩世家）

（39）吏曰："君侯纵不反地上，即欲反地下耳。"（绛侯周勃世

---

[1] 此期表示假设、让步的其他词语过多；本身"第（弟）"的使用复杂，有名词、序数词、副词等用法，此期连词不是它的主要用法，所以使用不普遍；因为没有虚化到连词这个程度，还需要再探讨。

家）

（40）于是楚王已得张仪而重出黔中地与秦，欲许之。屈原曰："前大王见欺于张仪，张仪至，臣以为大王烹之；今纵弗忍杀之，又听其邪说，不可。"（张仪列传）

（41）且公子纵轻胜，弃之降秦，独不怜公子姊邪？（魏公子列传）

（42）纵上不杀我，我不愧于心乎？（张耳陈馀列传）

（43）且吾亨人之兄，与其弟并肩而事其主，纵彼畏天子之诏，不敢动我，我独不愧于心乎？（田儋列传）

（44）今陛下骋六骐，驰下峻山，如有马惊车败，陛下纵自轻，奈高庙、太后何？（袁盎晁错列传）

（45）且纵单于不可得，恢所部击其辎重，犹颇可得，以慰士大夫心。（韩长孺列传）

（46）今纵不能，浑邪率数万之众来降，虚府库赏赐，发良民侍养，譬若奉骄子。（汲郑列传）

（47）陛下纵不能得匈奴之资以谢天下，又以微文杀无知者五百余人，是所谓"庇其叶而伤其枝"者也，臣窃为陛下不取也。（汲郑列传）

（48）陛下纵自轻，奈宗庙太后何！（酷吏列传）

在《史记》中，没有复音让步连词"纵使""纵令"出现。

（五）"即"

"即"可以用作假设连词，也可以用作让步连词，表示"即使""纵使"，《史记》中共出现3例，如：

（49）今时不师文而决于武力，愿陛下遂从时毋疑，即群臣不及谋。（秦始皇本纪）

（50）庄生曰："可疾去矣，慎毋留！即弟出，勿问所以然。"（越王勾践世家）

三、小结

《史记》中让步连词特点总结如下。

1. 单音让步连词 4 个，复音让步连词 2 个，共 6 个，共出现 404 例，占《史记》连词总量的 4.65%。

2.《史记》中主要的让步连词是"虽"，使用时占有绝对的优势。"虽"作为让步连词，有事实让步和假设让步之分。

3."藉弟令"是新产生的复音让步连词，《史记》中仅出现 1 例。

4. 单音让步连词"犹"与"尚"组合凝固成"犹"类复音让步连词"尚犹"。

第八章　转折连词

转折连词是连接词、词组或分句，表示转折关系的连词。常见的转折连词有"而""然而"等。

一、转折连词研究的基本情况

转折连词的研究主要集中于转折连词的来源及语法化过程，如邓云华[1]、席嘉[2]、朱城[3]、谢质彬[4]、郭志良[5]、梁欢[6]、徐光烈[7]、袁雪梅[8]都进行过有关转折连词的研究和探讨。

二、《史记》中的转折连词

《史记》中转折连词有而、乃、然、则、然而、顾弟，共6个，237例。转折连词使用情况见表8.1。

---

[1] 邓云华，石毓智. 从限止到转折的历程. 语言教学与研究，2006 年第 3 期.

[2] 席嘉. 与副词"只"有关的几个连词的历时考察. 武汉大学学报，2004 年第 6 期.

[3] 朱城. 试论转折连词"然"的形成. 古汉语研究，2007 年第 3 期.

[4] 谢质彬. 关于古汉语中"然而"表顺接问题的讨论. 中国语文，1994 年第 3 期.

[5] 郭志良. 汉语复句问题的思考. 语言研究，2002 年第 1 期.

[6] 梁欢. 汉语转折连词的历时考察. 广西大学学位论文，2007 年.

[7] 徐光烈. "因此"不只是个连词. 重庆师院学报（哲学社会科学版），1985 年第 3 期.

[8] 袁雪梅. 转折连词"然"和"然而"的形成. 四川师范大学学报（社会科学版），2010 年第 5 期.

表 8.1 《史记》中转折连词使用情况

相关数据 转折连词		转折连词使用次数	占转折连词总量百分比（%）
而		119	50.21
乃		2	0.84
然	然	71	29.96
	然而	38	16.03
则		6	2.53
顾弟		1	0.42
共计		237	100

《史记》中转折连词共有 6 个，其中单音转折连词 4 个，复音转折连词 2 个。用例最多的转折连词是"而"，共出现 119 例，占转折连词总量的 50.21%；其次是"然"，共出现 71 例，占转折连词总量的 29.96%；再次是"然而"，共出现 38 例，占转折连词总量的 16.03%。

单音转折连词"则""乃"出现数量较少，只有 6 例和 2 例，使用频率较低。

复音转折连词"顾弟"，只出现 1 例，使用频率最低。

（一）"而"

"而"除了用作并列连词、递进连词等，也可以用作转折连词，用于单句或复句之中，共出现 119 例。

1）连接两个谓词性词语或主谓结构，如：

（1）晋公室卑而六卿强，欲内相攻，是以久秦晋不相攻。（秦本纪）

（2）项羽妒贤嫉能，有功者害之，贤者疑之，战胜而不予人功，得地而不予人利，此所以失天下也。（高祖本纪）

（3）晋焚楚军，火数日不息，文公叹。左右曰："胜楚而君犹忧，何？"（晋世家）

（4）入与人主同辇，出与同车。示风以大言而实不与，令出怨言，谋畔逆，乃随而忧之，不亦远乎！（梁孝王世家）

（5）项王有倍约之名，杀义帝之负；于人之功无所记，于人之罪无所忘；战胜而不得其赏，拔城而不得其封；非项氏莫得用事；为人刻印，刓而不能授；攻城得略，积而不能赏：天下畔之，贤才怨之，而莫为之用。（郦生陆贾列传）

2）用于复合句的后一分句，表示转折关系，如：

（6）今王有七十余城，而公主乃食数城。（吕太后本纪）

（7）今犯法已论，而使毋罪之父母妻子同产坐之，及为收帑，朕甚不取。（孝文本纪）

（8）《诗》《书》所以复见者，多藏人家，而史记独藏周室，以故灭。（六国年表）

（9）主父欲令子主治国，而身胡服将士大夫西北略胡地，而欲从云中、九原直南袭秦，于是诈自为使者入秦。秦昭王不知，已而怪其状甚伟，非人臣之度，使人逐之，而主父驰已脱关矣。（赵世家）

（10）所说出于为名高者也，而说之以厚利，则见下节而遇卑贱，必弃远矣。所说出于厚利者也，而说之以名高，则见无心而远事情，必不收矣。所说实为厚利而显为名高者也，而说之以名高，则阳收其身而实疏之；若说之以厚利，则阴用其言而显弃其身。（老子韩非列传）

（11）夫许由一让，而陛下五以天下让，过许由四矣。（袁盎晁错列传）

（二）"乃"

"乃"也可以用作转折连词，《史记》中仅见 2 例：

（12）旦巧能，多材多蓺，能事鬼神。乃王发不如旦多材多蓺，不能事鬼神。（鲁周公世家）

（13）魏其之东朝，盛推灌夫之善，言其醉饱得过，乃丞相以他事诬罪之。（魏其武安侯列传）

（三）"然"类连词

"然"类转折连词有："然""然而"。

1. "然"

"然"用作转折连词，用于复合句的后一分句，表示转折关系。《史记》中共出现 71 例，如：

（14）缪公怪之，问曰："中国以诗书礼乐法度为政，然尚时乱，今戎夷无此，何以为治，不亦难乎？"（秦本纪）

（15）夫秦失其政，诸侯豪桀并起，人人自以为得之者以万数，然卒践天子之位者，刘氏也，天下绝望，一矣。（孝文本纪）

（16）齐人之上疏言神怪奇方者以万数，然无验者。（封禅书）

（17）孝惠、高后时，为天下初定，复弛商贾之律，然市井之子孙亦不得仕宦为吏。（平准书）

（18）郧公止之，然恐其弑昭王，乃与王出奔随。（楚世家）

（19）夫魏，一万乘之国也，然所以西面而事秦，称东藩，受冠带，祠春秋者，以秦之强足以为与也。（魏世家）

（20）徐甲大穷，还报皇太后曰："王已愿尚娥，然有一害，恐如燕王。"（齐悼惠王世家）

（21）今臣将兵三十余万，身虽囚系，其势足以倍畔，然自知必

死而守义者，不敢辱先人之教，以不忘先主也。（蒙恬列传）

（22）夫九卿与臣善者无过黯，然今日庭诘弘，诚中弘之病。（平津侯主父列传）

（23）虑事定计，必是人也，然不能以一言说人主意，故言必称先王，语必道上古；虑事定计，饰先王之成功，语其败害，以恐喜人主之志，以求其欲。（日者列传）

（24）问者曰："龟至神若此，然太卜官得生龟，何为辄杀取其甲乎？"（龟策列传）

2."然而"

1）"然而"的使用情况。复音连词"然而"也表示转折，《史记》中共出现 38 例，如：

（25）夫以吕太后之严，立诸吕为三王，擅权专制，然而太尉以一节入北军，一呼士皆左袒，为刘氏，叛诸吕，卒以灭之。（孝文本纪）

（26）古者之兵，戈矛弓矢而已，然而敌国不待试而诎。城郭不集，沟池不掘，固塞不树，机变不张，然而国晏然不畏外而固者，无他故焉，明道而均分之，时使而诚爱之，则下应之如景响。（礼书）

（27）陈平既多以金纵反间于楚军，宣言诸将钟离眛等为项王将，功多矣，然而终不得裂地而王，欲与汉为一，以灭项氏而分王其地。（陈丞相世家）

（28）后五日，复求见鞅。鞅复见孝公，益愈，然而未中旨。（商君列传）

（29）汉王借兵而东下，杀成安君泜水之南，头足异处，卒为天下笑。此二人相与，天下至驩也。然而卒相禽者，何也？患生于多欲而人心难测也。（淮阴侯列传）

2）复音连词"然而"的演变过程。"然而"连用甲骨文、金文中未见。据白钰统计，"然而"在《荀子》中共出现 112 例，其中用为形容词词尾+连词的 8 例，不进行研究；但从一个横断面揭示了"然而"虚化凝固的历史。"然而"最早用作"然"+"而"（代词+连词）的词组。

陈宝勤（1994）也认为，"然而"是由于前面代词的位置和"而"所连接成分的不平衡性造成的虚化而来的。由于"然而"常常连用，且处于句首，"然"又只是一个单音词，"而"连接的后个语言单位一般都是主谓结构或复杂谓语，"而"连接的前后两个语言单位前短后长的不平衡状态，促使了"而"的虚化，与"然"逐渐凝固为一个表示短暂时间的固定结构。《荀子》一书中有 47 例"然而"是两个词连用，而有 60 例已经发展为表示转折的固定结构了。[1]

随着对这一结构的重新分析和代词"然"的虚化、逐步凝固，到"然而"发展的后期，就很难再分开解释，而只能看作表示转折关系的凝固结构，可译为"但是、却"。魏德胜（2000）认为，"'然而'复音转折连词，用于后一分句。最早的用例见于战国末文献"。《荀子》一书有很多例证，如：

（30）垂事养民，拊循之，唲呕之，冬日则为之饘粥，夏日则与之瓜麮，以偷取少顷之誉焉，是偷道也，可以少顷得奸民之誉，然而非长久之道也。（富国第十）

（31）性也者，吾所不能为也，然而可化也；情也者，非吾所有也，然而可为也。（儒效第八）[2]

（四）"则"

"则"除了用作顺承连词外，还可以用作转折连词，共出现 6 例，如：

（32）郗居河北，河决而南则郗无水菑，邑收多。（河渠书）

[1] 白钰.《荀子》连词的语法化初探. 首都师范大学学位论文，2007 年.
[2] 白钰.《荀子》连词的语法化初探. 首都师范大学学位论文，2007 年.

（五）"顾弟"

在《史记》中，没有"顾"用作转折连词的例子[1]，只有 1 处"顾弟"用例，作为转折连词：

（33）予观《春秋》《国语》，其发明《五帝德》《帝系姓》章矣，顾弟弗深考，其所表见皆不虚。（五帝本纪）

三、小结

考察《史记》中的转折连词，有如下结论。

1.《史记》中有 4 个单音转折连词，2 个复音转折连词，共 6 个，共出现 237 例，占《史记》连词总量的 2.73%。

2. 转折连词"而"使用频率最高，转折连词"顾弟"使用频率最低。

3. 单音转折连词"然"与连词"而"组合凝固成复音转折连词"然而"。

---

[1] 李爱红.《盐铁论》虚词研究. 华东师范大学学位论文，2006 年."顾"用作转折连词，出现 1 例：

今以天下之富，海内之财，百郡之贡，非特齐、楚之富，赵、魏之库也。计委量入，虽急用之，宜无乏绝之时。顾大农等以术体躬稼，则后稷之烈，军四出而用不继，非天之财少也？（轻重）

第九章　原因连词

原因连词是用于连接因果复句中原因分句的连词。这类连词主要有"用""以""为""由"等。

一、原因连词研究的基本情况

原因连词主要用于因果复句的前一分句，表示原因，也有一些结果在前、原因在后的情况。上古汉语原因连词有"以""用""惟""为""因""由""缘"等。

对于原因连词的研究主要体现在语法著作和专题论文两个方面。

（一）语法著作中的研究

《马氏文通》以前，对原因连词的研究主要是用训诂学方法进行的，如《语助》《经传释词》《助字辨略》等已对原因连词类聚、连接功能以及个别复音连词进行了举例说明。《马氏文通》中，马建忠对原因连词做了相应的分析。

《马氏文通》之后，对原因连词进行研究的代表如吕叔湘、周法高等，他们都把因果关联词分为"释因"和"纪效"两个方面。"释因"即原因连词。杨伯峻、何乐士对古汉语因果复句进行了描写，对因果关联词的用法及相应搭配模式进行了探讨。

对于原因连词的形成，在语法著作中论述并不多。吕叔湘的《文言虚字》《中国文法要略》等著作有一些零星的研究。[1]

---

[1] 毛志刚. 上古汉语因果连词研究. 西南大学学位论文，2009 年.

（二）专题论文中的研究

有关原因连词研究的专题论文不多,主要有郭锡良的《介词"以"的起源和发展》,邢福义、姚双云的《连词"为此"论说》等。学位论文有毛志刚的《上古汉语因果连词研究》。

二、《史记》中的原因连词

《史记》中原因连词有以、为、则、由,共 4 个,24 例。具体出现次数见表 9.1。

表 9.1　《史记》中原因连词使用情况

相关数据 原因连词	原因连词使用次数	占原因连词总量百分比（%）
以	19	79.17
为	2	8.33
则	2	8.33
由	1	4.17
共计	24	100

原因连词中,"以"使用次数最多,共出现 19 例,占原因连词总量的 79.17%,占有绝对优势。

原因连词"为""则""由"出现次数不多,使用数量相近,分别为 2 例、2 例、1 例。

单音原因连词都从先秦而来,没有出现复音原因连词。

（一）"以"

《史记》中的原因连词中,"以"是使用最多的一个,共出现 19例,如:

（1）不窋末年，夏后氏政衰，去稷不务，不窋以失其官而犇戎狄之间。（周本纪）

（2）自太戊以下，中衍之后，遂世有功，以佐殷国，故嬴姓多显，遂为诸侯。（秦本纪）

（3）三将至，缪公素服郊迎，向三人哭曰："孤以不用百里傒、蹇叔言以辱三子，三子何罪乎？子其悉心雪耻，毋怠。"（秦本纪）

（4）然秦以其先造父封赵城，为赵氏。（秦本纪）

（5）神君者，长陵女子，以子死悲哀，故见神于先后宛若。（孝武本纪）

（6）吴楚时，前后诸侯或以適削地，是以燕、代无北边郡，吴、淮南、长沙无南边郡，齐、赵、梁、楚支郡名山陂海咸纳于汉。（汉兴以来诸侯王年表）

也有结果在前、原因在后的情况，这时原因连词"以"后面多连接"其"，组成"以其"的格式，"其"代指前面分句的宾语或判断句的主语成分，如：

（7）三年，诛三父等而夷三族，以其杀出子也。（秦本纪）

（8）秦取天下多暴，然世异变，成功大。传曰"法后王"，何也？以其近己而俗变相类，议卑而易行也。（六国年表）

（9）人之谓尧贤者，以其让天下于许由，许由不受，有让天下之名而实不失天下。（燕召公世家）

（10）七年，晋文公、秦缪公共围郑，以其无礼于文公亡过时，及城濮时郑助楚也。（晋世家）

（11）昭王元年，楚众不说费无忌，以其谗亡太子建，杀伍奢子父与郤宛。（楚世家）

（12）六年，子家卒，国人复逐其族，以其弑灵公也。（郑世家）

（13）夫秦之所以重楚者，以其有齐也。（张仪列传）

（14）太史公曰：三晋多权变之士，夫言从衡强秦者，大抵皆三晋之人也。夫张仪之行事甚于苏秦，然世恶苏秦者，以其先死，而仪振暴其短以扶其说，成其衡道。（张仪列传）

（15）卫、赵之所以国全兵劲而地不并于诸侯者，以其能忍难而重出地也。（穰侯列传）

（16）攻齐所以大破者，以其伐楚而肥韩、魏也。（范雎蔡泽列传）

（17）故秦信左右而杀，周用乌集而王。何则？以其能越挛拘之语，驰域外之议，独观于昭旷之道也。（鲁仲连邹阳列传）

（18）夫楚兵虽强，天下负之以不义之名，以其背盟约而杀义帝也。（黥布列传）

（二）"为"

在《史记》中，"为"也可以作为原因连词出现，共出现 2 例：

（19）武王为殷初定未集，乃使其弟管叔鲜、蔡叔度相禄父治殷。（周本纪）

（20）其十月，将军张唐攻魏，为蔡尉捐弗守，还斩之。（秦本纪）

（三）"则"

"则"作为原因连词在《史记》中出现 2 例，表示"因为"：

（21）且陛下从代来，每朝，郎官上书疏，未尝不止辇受其言，言不可用置之，言可受采之，未尝不称善。何也？则欲以致天下贤士大夫。（袁盎晁错列传）

（22）故烦懑食不下则络脉有过，络脉有过则血上出，血上出者死。（扁鹊仓公列传）

（四）"由"

"由"作为原因连词在《史记》中只出现 1 例：

（23）陈涉无千乘之尊，尺土之地，身非王公大人名族之后，无乡曲之誉，非有孔、墨、曾子之贤，陶朱、猗顿之富也，然起穷巷，奋棘矜，偏袒大呼而天下从风，此其故何也？由民困而主不恤，下怨而上不知，俗已乱而政不修，此三者陈涉之所以为资也。是之谓土崩。故曰天下之患在于土崩。（平津侯主父列传）

三、小结

分析《史记》中原因连词使用情况，可以得到如下结论。

1. 原因连词"以"是此期主要的原因连词，且占有绝对优势。

2. "为""由"是此期继"以"之后重要的原因连词，且出现情况较为稳定。

3. "则""因"使用较少。《史记》中"因"没有用作原因连词的用法。

4. "缘"作为新兴的原因连词，使用也少。《史记》中"缘"没有用作原因连词的用例。

第十章　结果连词

结果连词连接两个动词性成分或分句，表示后一项动作行为是前一项动作行为的结果。主要的结果连词有"用""以"等。

一、结果连词研究的基本情况

结果连词是连接分句与分句（复句、句群），连接项相对于其他项有表示结果逻辑语义关系的一类虚词。主要的因果连词有"则""而""以""故""以故""是故"等。

对于结果连词的研究成果，除了一些虚词研究专著外，还有就个别词进行研究的单篇文章，主要体现在"所以"一词的探讨上。汪维辉、潘容生、朱声琦、张万起、王锁、刘冠群等都曾经就这个词做过细致的探讨。分析"所以"一词产生时代及使用方法的文章有 30 余篇。

二、《史记》中的结果连词

《史记》中的结果连词主要有则、而、以、故、乃、用、因、是以、以此、是故、以故、故乃、用是、因而、因此、因以、由是、由此，共 18 个，826 例。各结果连词使用情况见表 10.1。

表 10.1 　《史记》中结果连词使用情况

结果连词 ＼ 相关数据		结果连词使用次数	占结果连词总量百分比（％）
则		195	23.61
而		121	14.65
以	以	136	16.46
	是以	16	1.94
	以此	19	2.30
故	故	45	5.45
	是故	54	6.54
	以故	95	11.50
	故乃	2	0.24
乃		14	1.69
用	用	14	1.69
	用是	1	0.12
因	因	7	0.85
	因而	5	0.61
	因此	2	0.24
	因以	4	0.48
由	由是	26	3.15
	由此	70	8.47
共计		826	100

　　《史记》中共出现 18 个结果连词，其中单音结果连词有 7 个，复音结果连词有 11 个。单音结果连词"则"使用次数最多，共出现 195 例，占结果连词总量的 23.61%；其次是结果连词"以"，共出现 136 例，占结果连词总量的 16.46%；再次是"而"，共出现 121

例，占结果连词总量的 14.65%。使用频率高的都是单音结果连词。

复音结果连词"是以""故乃""用是""因而""因此""因以"使用次数不多，比率低。

单音结果连词联合其他成分凝固成复音结果连词，如"是以""以此""是故""以故""故乃""用是""因而""因此""因以""由是""由此"。

（一）"则"

结果连词"则"从连接分句的意义来看，可以分为 3 类。

1）表示某种原因带来的结果。"则"作为结果连词，在《史记》中表示某种原因带来的结果，共出现 19 例，如：

（1）即四海之内，皆谨然各自安乐其处，唯恐有变，虽有狡猾之民，无离上之心，则不轨之臣无以饰其智，而暴乱之奸止矣。（秦始皇本纪）

（2）朕闻法正则民悫，罪当则民从。（孝文本纪）

（3）吏道杂而多端，则官职耗废。（平准书）

（4）季康子问政，曰："举直错诸枉，则枉者直。"（孔子世家）

（5）春秋之义行，则天下乱臣贼子惧焉。（孔子世家）

（6）东藩之臣因齐后至，则斩。（鲁仲连邹阳列传）

2）表示假设实现后所产生的结果。"则"作为结果连词，《史记》中表示假设实现后所产生的结果，是使用数量最多的，共有 154 例，如：

（7）虞之与虢，唇之与齿，唇亡则齿寒。（晋世家）

（8）所说实为厚利而显为名高者也，而说之以名高，则阳收其身而实疏之；若说之以厚利，则阴用其言而显弃其身。（老子韩非列传）

（9）上好礼，则民莫敢不敬；上好义，则民莫敢不服；上好信，则民莫敢不用情。（仲尼弟子列传）

（10）魏弱则割河外，韩弱则效宜阳，宜阳效则上郡绝，河外割则道不通，楚弱则无援。（苏秦列传）

（11）陈轸对曰："不然，以臣观之，商於之地不可得而齐秦合，齐秦合则患必至矣。"（张仪列传）

（12）齐、秦合，则亲弗与吕礼重矣。（孟尝君列传）

（13）天下有明主则诸侯不得擅厚者，何也？（范雎蔡泽列传）

（14）天子致赐，王不拜则还赐。（大宛列传）

以上 1）类中，"则"前的分句是已经成为事实的情况，"则"连接的内容是已经成为事实的原因所导致的结果；2）类中"则"前的分句表示的是一种假设情况，如果假设实现的话，那么就会产生"则"后面所接内容的结果。

3）表示在满足条件的情况下所产生的结果。"则"作为结果连词，《史记》中表示在满足条件的情况下所产生的结果，共有 22 例，如：

（15）孟尝君不西则已，西入相秦则天下归之，秦为雄而齐为雌，雌则临淄、即墨危矣。（孟尝君列传）

（16）今其母死，君诚厚送丧，则彼为君死矣。（郦生陆贾列传）

（17）大王诚幸而许之一言，则吴王率楚王略函谷关，守荥阳敖仓之粟，距汉兵。（吴王濞列传）

（18）今单于变俗好汉物，汉物不过什二，则匈奴尽归于汉矣。（匈奴列传）

（19）自乌孙以西至安息，以近匈奴，匈奴困月氏也，匈奴使持单于一信，则国国传送食，不敢留苦；及至汉使，非出币帛不得食，不市畜不得骑用。（大宛列传）

（二）"而"

连接两个动词性词语或分句，表示后一项动作行为是前一项动作行为的结果，共出现 121 例，如：

（20）帝喾溉执中而遍天下，日月所照，风雨所至，莫不从服。（五帝本纪）

（21）太戊从之，而祥桑枯死而去。（殷本纪）

（22）水壅而溃，伤人必多，民亦如之。（周本纪）

（23）及孝公卒，太子立，宗室多怨鞅，鞅亡，因以为反，而卒车裂以徇秦国。（秦本纪）

以上"而"作为结果连词，表示某种原因带来的结果。

（24）去柳叶百步而射之，百发而百中之。（周本纪）

（25）夫去柳叶百步而射之，百发而百中之，不以善息，少焉气衰力倦，弓拨矢钩，一发不中者，百发尽息。（周本纪）

（26）公不如称病而无出。（周本纪）

以上"而"作为结果连词，表示假设实现后所产生的结果。

（三）"以"类连词

1."以"

"以"作为结果连词，在《史记》中多次出现，连接两个动词性词语或分句，表示后一项动作行为是前一项动作行为的结果，共出现 136 例，如：

（27）今以君之贤圣，国赖以盛。（商君列传）

（28）臣闻尧无三夫之分，舜无咫尺之地，以有天下；禹无百人之聚，以王诸侯；汤武之士不过三千，车不过三百乘，卒不过三万，立为天子：诚得其道也。（苏秦列传）

（29）故秦皇帝任中庶子蒙嘉之言，以信荆轲之说，而匕首窃发；周文王猎泾、渭，载吕尚而归，以王天下。（鲁仲连邹阳列传）

"以"连接的成分，是"以"前表述内容的结果。

2．"是以"

"是以"也是结果连词，表示某种原因带来的结果，共出现 16 例，如：

（30）代曰："与周高都，是周折而入于韩也，秦闻之必大怒忿周，即不通周使，是以獘高都得完周也。曷为不与？"（周本纪）

（31）臣知虞君不用臣，臣诚私利禄爵，且留。再用其言，得脱；一不用，及虞君难：是以知其贤。（秦本纪）

（32）晋公室卑而六卿强，欲内相攻，是以久秦晋不相攻。（秦本纪）

（33）古者天下散乱，莫之能一，是以诸侯并作，语皆道古以害今，饰虚言以乱实，人善其所私学，以非上之所建立。（秦始皇本纪）

（34）大司马咎者，故蕲狱掾，长史欣亦故栎阳狱吏，两人尝有德于项梁，是以项王信任之。（项羽本纪）

（35）项羽卒闻汉军之楚歌，以为汉尽得楚地，项羽乃败而走，是以兵大败。（高祖本纪）

（36）专务以德化民，是以海内殷富，兴于礼义。（孝文本纪）

（37）广则容奸，狭则思欲，感涤荡之气而灭平和之德，是以君子贱之也。（乐书）

（38）郑音好滥淫志，宋音燕女溺志，卫音趣数烦志，齐音骜辟骄志，四者皆淫于色而害于德，是以祭祀不用也。（乐书）

（39）内见疑强大，外倚蛮貊以为援，是以日疏自危，事穷智困，卒赴匈奴，岂不哀哉！（韩信卢绾列传）

（40）精神不能止邪气，邪气畜积而不得泄，是以阳缓而阴急，

故暴蹶而死。（扁鹊仓公列传）

（41）夫揲策定数，灼龟观兆，变化无穷，是以择贤而用占焉，可谓圣人重事者乎！（龟策列传）

3.“以此”

“以此”表示某种原因带来的结果，在《史记》中用作结果连词，共出现 19 例，如：

（42）恶来善毁谗，诸侯以此益疏。（殷本纪）

（43）西伯曰文王，遵后稷、公刘之业，则古公、公季之法，笃仁，敬老，慈少。礼下贤者，日中不暇食以待士，士以此多归之。（周本纪）

（44）梁曰：“前时某丧使公主某事，不能办，以此不任用公。”（项羽本纪）

（45）孝惠以此日饮为淫乐，不听政，故有病也。（吕太后本纪）

（46）至元朔元年，郢人昆弟复上书具言定国阴事，以此发觉。（荆燕世家）

（47）安国君及夫人因厚馈遗子楚，而请吕不韦傅之，子楚以此名誉益盛于诸侯。（吕不韦列传）

（48）晁错为太子家令，得幸太子，数从容言吴过可削。数上书说孝文帝，文帝宽，不忍罚，以此吴日益横。（吴王濞列传）

（49）当是时，薄太后及太子诸大臣皆惮厉王，厉王以此归国益骄恣，不用汉法，出入称警跸，称制，自为法令，拟于天子。（淮南衡山列传）

《盐铁论》中出现 1 例[1]：

（50）是以贤圣蔽掩，而谗佞用事，以此亡国破家，而贤士饥于岩穴也。（盐·相刺）

---

[1] 李爱红.《盐铁论》虚词研究. 华东师范大学学位论文，2006 年.

（四）"故"类连词

"故"类结果连词包括：故、是故、以故、故乃。

1."故"

"故"作为结果连词，表示某种原因带来的结果，共出现 45 例，如：

（51）天既讫我殷命，假人元龟，无敢知吉，非先王不相我后人，维王淫虐用自绝，故天弃我，不有安食，不虞知天性，不迪率典。（殷本纪）

（52）郑文公怨惠王之入不与厉公爵，又怨襄王之与卫滑，故囚伯服。（周本纪）

（53）秦以往者数易君，君臣乖乱，故晋复强，夺秦河西地。（秦本纪）

（54）黄帝策天命而治天下，德泽深后世，故其子孙皆复立为天子，是天之报有德也。（三代世表）

（55）孝文即位，有司议欲定仪礼，孝文好道家之学，以为繁礼饰貌，无益于治，躬化谓何耳，故罢去之。（礼书）

（56）是时景公好治宫室，聚狗马，奢侈，厚赋重刑，故晏子以此谏之。（齐太公世家）

（57）王悔不听赵豹之计，故有长平之祸焉。（赵世家）

（58）其所授者，妒贤嫉能，御下蔽上，以成其私，不为主计，而主不觉悟，故失其国。（范雎蔡泽列传）

（59）九侯有子而好，献之于纣，纣以为恶，醢九侯。鄂侯争之强，辩之疾，故脯鄂侯。（鲁仲连邹阳列传）

2."是故"

"是故"是由表示推断性质的代词"是"和表示结果的连词"故"组合而成的，《史记》中共出现 54 例。"是故"多数都出现在前句的句首，如：

（60）商王帝辛大恶于民，庶民不忍，䜣载武王，以致戎于商牧。是故先王非务武也，劝恤民隐而除其害也。（周本纪）

（61）故刑一人而天下服。辠人不尤其上，知辠之在己也。是故刑罚省而威行如流，无他故焉，由其道故也。（礼书）

（62）凡音者，生于人心者也；乐者，通于伦理者也。是故知声而不知音者，禽兽是也；知音而不知乐者，众庶是也。（乐书）

（63）臣闻尧无三夫之分，……诚得其道也。是故明主外料其敌之强弱，内度其士卒贤不肖，不待两军相当而胜败存亡之机固已形于胸中矣，岂掩于众人之言而以冥冥决事哉！（苏秦列传）

（64）贤者有恒常，士有适然。是故明有所不见，听有所不闻；人虽贤，不能左画方，右画圆；日月之明，而时蔽于浮云。（龟策列传）

（65）故曰："吾治生产，犹伊尹、吕尚之谋，孙吴用兵，商鞅行法是也。是故其智不足与权变，勇不足以决断，仁不能以取予，强不能有所守，虽欲学吾术，终不告之矣。"（货殖列传）

（66）总之，楚越之地，地广人希，饭稻羹鱼，或火耕而水耨，果隋蠃蛤，不待贾而足，地埶饶食，无饥馑之患，以故呰窳偷生，无积聚而多贫。是故江淮以南，无冻饿之人，亦无千金之家。（货殖列传）

也有出现在后句的情况，如：

（67）六者非性也，感于物而后动，是故先王慎所以感之。（乐书）

（68）且夫从人多奋辞而少可信，说一诸侯而成封侯，是故天下之游谈士莫不日夜搤腕瞋目切齿以言从之便，以说人主。（张仪列传）

（69）臣闻明主不恶切谏以博观，忠臣不敢避重诛以直谏，是故事无遗策而功流万世。（平津侯主父列传）

另外，在《史记》中还有1例，"是故"处在句中，在主语之后：

（70）今无臣事秦之名而有强国之实，臣是故愿大王少留意计之。（苏秦列传）

3."以故"

"以故"在《史记》中共出现95次，如：

（71）予娶涂山，[辛壬]癸甲，生启予不子，以故能成水土功。（夏本纪）

（72）天风大起，以故其从官乱，莫敢斗。（吕太后本纪）

（73）公孙卿曰："仙人可见，而上往常遽，以故不见。今陛下可为观，如缑氏城，置脯枣，神人宜可致也。且仙人好楼居。"（封禅书）

（74）燕惠王后悔使骑劫代乐毅，以故破军亡将失齐；又怨乐毅之降赵，恐赵用乐毅而乘燕之弊以伐燕。（乐毅列传）

（75）赵欲杀子楚妻子，子楚夫人赵豪家女也，得匿，以故母子竟得活。（吕不韦列传）

（76）王黄、曼丘臣其麾下受购赏之，皆生得，以故陈豨军遂败。（韩信卢绾列传）

（77）对曰："此皆饮食喜怒不节，或不当饮药，或不当针灸，以故不中期死也。"（扁鹊仓公列传）

（78）匈奴捕者骑数百追之，广行取胡儿弓，射杀追骑，以故得脱。（李将军列传）

（79）上即位，欲事伐匈奴，而嫣先习胡兵，以故益尊贵，官至上大夫，赏赐拟于邓通。（佞幸列传）

4. "故乃"

结果连词"故乃"在《史记》中出现2例[1]：

（80）病名多相类，不可知，故古圣人为之脉法，以起度量，立规矩，悬权衡，案绳墨，调阴阳，别人之脉各名之，与天地相应，参合于人，故乃别百病以异之，有数者能异之，无数者同之。（扁鹊仓公列传）

（81）四面风德，二方之君鳞集仰流，愿得受号者以亿计。故乃关沫、若，徼牂柯，镂零山，梁孙原。（司马相如列传）

（五）"乃"

"乃"除了用作顺承连词、假设连词之外，还有结果连词的用法。《史记》中共出现14例，如：

（82）天神不胜，乃僇辱之。（殷本纪）

（83）卜请其蔡而藏之，乃吉。（周本纪）

（84）秦怨圉亡去，乃迎晋公子重耳于楚，而妻以故子圉妻。（秦本纪）

（85）于是始皇以为咸阳人多，先王之宫廷小，吾闻周文王都丰，武王都镐，丰镐之间，帝王之都也。乃营作朝宫渭南上林苑中。（秦始皇本纪）

（86）项王至阴陵，迷失道，问一田父，田父绐曰"左"。左，乃陷大泽中。（项羽本纪）

（87）平恐，乃解衣躶而佐刺船。船人知其无有，乃止。（陈丞相世家）

---

[1] 据李爱红《〈盐铁论〉虚词研究》中的调查，结果连词"故乃"在《盐铁论》中出现1例：

宛、周、齐、鲁，商遍天下，故乃商贾之富，或累万金，追利乘羡之所致也。（力耕）

（88）吴大败，士卒多饥死，乃畔散。（吴王濞列传）

（89）单于久不与其大众相得，其右谷蠡王以为单于死，乃自立为单于。（匈奴列传）

（六）"用"类连词

"用"类结果连词包括：用、用是。

1."用"

《史记》中，"用"作为结果连词，表示某种原因带来的结果，共出现14例，如：

（90）帝曰："毋若丹朱傲，维慢游是好，毋水行舟，朋淫于家，用绝其世。予不能顺是。"（夏本纪）

（91）六事之人，予誓告女：有扈氏威侮五行，怠弃三正，天用剿绝其命。（夏本纪）

（92）今殷王纣乃用其妇人之言，自绝于天，毁坏其三正，离逷其王父母弟，乃断弃其先祖之乐，乃为淫声，用变乱正声，怡说妇人。（周本纪）

（93）及夏之衰也，弃稷不务，我先王不窋用失其官，而自窜于戎狄之间。（周本纪）

（94）岁月日时毋易，百谷用成，治用明，畯民用章，家用平康。日月岁时既易，百谷用不成，治用昏不明，畯民用微，家用不宁。（宋微子世家）

（95）孤不天，不能事君，君用怀怒，以及敝邑，孤之罪也。（楚世家）

（96）或曰，伊尹负鼎而勉汤以王，百里奚饭牛车下而缪公用霸，作先合，然后引之大道。（孟子荀卿列传）

2. "用是"

另外，还有 1 例复音连词"用是"，表示结果：

（97）太宰嚭闻之，乃数与子胥争越议，因谗子胥曰："伍员貌忠而实忍人，其父兄不顾，安能顾王？王前欲伐齐，员强谏，已而有功，用是反怨王。王不备伍员，员必为乱。"（越王勾践世家）

（七）"因"类连词

"因"类结果连词包括：因、因而、因此、因以。

1. "因"

《史记》中，"因"作为结果连词，表示某种原因带来的结果，共出现 7 例，如：

（98）四十七年，秦攻韩上党，上党降赵，秦因攻赵，赵发兵击秦，相距。（秦本纪）

（99）义帝柱国共敖将兵击南郡，功多，因立敖为临江王，都江陵。（项羽本纪）

（100）田荣闻项羽徙齐王市胶东，而立齐将田都为齐王，乃大怒，不肯遣齐王之胶东，因以齐反，迎击田都。（项羽本纪）

（101）吕公者，好相人，见高祖状貌，因重敬之，引入坐。（高祖本纪）

（102）齐王怪之，因不敢饮，详醉去。（吕太后本纪）

（103）昌既征，高后使使召赵王，赵王果来。至长安月余，饮药而死。周昌因谢病不朝见，三岁而死。（张丞相列传）

（104）敞罔靡徙，因迁延而辞避。（司马相如列传）

"因"在《史记》中可作为介词，也可作为顺承连词、结果连词。因其身兼数职，才导致由单音向复音的转变，这样使语义更加明确。

2."因而"

在《史记》中，复音连词"因而"[1]除了表示顺承关系，还可以表示结果关系，是结果连词，共出现 5 例：

（105）臣常游困于齐而乞食铚人，蹇叔收臣。臣因而欲事齐君无知，蹇叔止臣，臣得脱齐难，遂之周。（秦本纪）

（106）周章已君吴，因而封之。（吴太伯世家）

（107）至，怀王不见，因而囚张仪，欲杀之。（楚世家）

（108）今楚王病，旦暮且卒，而君相少主，因而代立当国，如伊尹、周公，王长而反政，不即遂南面称孤而有楚国？（春申君列传）

（109）田横之高节，宾客慕义而从横死，岂非至贤！余因而列焉。（田儋列传）

3."因此"

"因此"是单音连词"因"和代词"此"联合构成的复音结果连词[2]，在《史记》中共出现 2 例：

（110）李良已得秦书，固欲反赵，未决，因此怒，遣人追杀王

---

[1] 二世受之，因而不改，暴虐以重祸。（秦始皇本纪）

诸将谓齐愍王曰："因而赴之，破燕必矣。"（燕召公世家）

诚得劫秦王，使悉反诸侯侵地，若曹沫之与齐桓公，则大善矣；则不可，因而刺杀之。（刺客列传）

主意所不欲，因而毁之；主意所欲，因而誉之。（汲郑列传）

上所欲挤者，因而陷之；上所欲释者，久系待问而微见其冤状。（酷吏列传）

以上句中"因"是动词，"因循""趁势"的意思，"而"是连词，"因而"不是复音连词。复音"因而"在《史记》中既有顺承连词、结果连词的用法；也有"因"是动词，"而"是连词，"因而"连用再与下文相连的情况。

[2] 据邱娟娟（《连词"因此"产生的源和流》，贵州教育学院学报，2006 年）统计，《史记》《汉书》《三国志》《后汉书》《宋书》《南齐书》《魏书》中，"因此"前紧接主语的句子共有 90 个，"因此"后紧接主语的句子只有 3 个。如果主语省略，那么表示原因意义的"因此"就在后一分句的句首，从而"因此"表示原因的语义逐渐弱化，慢慢转向表示结果。

姊道中，乃遂将其兵袭邯郸。（张耳陈馀列传）

（111）岁余，高后崩，即罢兵。佗因此以兵威边，财物赂遗闽越、西瓯、骆，役属焉，东西万余里。（南越列传）

4．"因以"

"因以"是连词"因"和介词"以"联合后形成的复音结果连词，在《史记》中有"以"还是作为介词而与"因"联合组成"因+以+宾语"的情况[1]，并且这种使用方式明显多于"因以"作为一个复音结果连词的使用情况。可见此时复音结果连词"因以"中的"以"还未完全虚化，"因以"连用作为复音结果连词还不是主要的使用方式。复音结果连词"因以"在《史记》中的用例，有"因以"在主语之前的情况：

（112）其后秦遂以兵灭六王，并中国，外攘四夷，死人如乱麻，因以张楚并起，三十年之间兵相骀藉，不可胜数。（天官书）

也有"因以"在主语之后的情况，如：

（113）数岁道不通，蛮夷因以数攻，吏发兵诛之。（平准书）

（114）十二月壬午，公令胥童以兵八百人袭攻杀三郤。胥童因以劫栾书、中行偃于朝，曰："不杀二子，患必及公。"（晋世家）

（115）至秦，会庄襄王卒，李斯乃求为秦相文信侯吕不韦舍人；

---

[1] "因以"格式中"以"为介词的例子如：

秦使章邯将而东征，章邯因以三军之众要市于外，以谋其上。（秦始皇本纪）

功多，秦不能尽封，因以法诛之。（项羽本纪）

田荣闻项羽徙齐王市胶东，而立齐将田都为齐王，乃大怒，不肯遣齐王之胶东，因以齐反，迎击田都。（项羽本纪）

因以十月为年首，而色上赤。（封禅书）

公因以韩楚之兵奉虮虱而内之，其听公必矣，必以楚韩封公也。（韩世家）

子贡曰："君按兵无伐，臣请往使吴王，令之救鲁而伐齐，君因以兵迎之。"（仲尼弟子列传）

秦有变，因以为质，则燕、赵信秦。（苏秦列传）

赵王因以括为将，代廉颇。（廉颇蔺相如列传）

（公子光）既至王前，专诸擘鱼，因以匕首刺王僚，王僚立死。（刺客列传）

不韦贤之，任以为郎。李斯因以得说，说秦王曰：……（李斯列传）

（八）“由是”

《史记》中，复音连词“由是”表示结果，共出现26例，如：

（116）西伯滋大，纣由是稍失权重。（殷本纪）

（117）项羽由是始为诸侯上将军，诸侯皆属焉。（项羽本纪）

（118）而船有算，商者少，物贵，乃因孔仅言船算事。上由是不悦卜式。（平准书）

（119）齐惠公二年，郯瞒伐齐，齐王子城父获其弟荣如，埋其首于北门。卫人获其季弟简如。郯瞒由是遂亡。（鲁周公世家）

（120）丘生而叔梁纥死，葬于防山。防山在鲁东，由是孔子疑其父墓处，母讳之也。（孔子世家）

（121）诸陈王故人皆自引去，由是无亲陈王者。（陈涉世家）

（122）于柯之会，桓公欲背曹沫之约，管仲因而信之，诸侯由是归齐。（管晏列传）

（123）武安君闻之，由是与应侯有隙。（白起王翦列传）

（124）薄太后乃使使承诏赦太子、梁王，然后得入。文帝由是奇释之，拜为中大夫。（张释之冯唐列传）

（125）其后兵大起，流亡，汉定，伏生求其书，亡数十篇，独得二十九篇，即以教于齐鲁之间。学者由是颇能言尚书，诸山东大师无不涉《尚书》以教矣。（儒林列传）

（九）“由此”

《史记》中，“由此”也是结果连词，共出现70例，如：

（126）齐人茅焦说秦王曰：“秦方以天下为事，而大王有迁母太后之名，恐诸侯闻之，由此倍秦也。”（秦始皇本纪）

（127）始皇闻此议各乖异，难施用，由此绌儒生。（封禅书）

（128）二十一年，吴王阖闾伐越。越王勾践射伤吴王，遂死。吴由此怨越而不西伐楚。（楚世家）

（129）知伯归，因谓简子，使废毋恤，简子不听。毋恤由此怨知伯。（赵世家）

（130）已而大夫鲍氏、高、国之属害之，谮于景公。景公退穰苴，苴发疾而死。田乞、田豹之徒由此怨高、国等。（司马穰苴列传）

（131）甘茂竟言秦昭王，以武遂复归之韩。向寿、公孙奭争之，不能得。向寿、公孙奭由此怨，谗甘茂。（樗里子甘茂列传）

（132）章邯果败杀项梁，破楚兵，楚兵东走，而章邯渡河围赵于巨鹿。项羽往救赵，由此怨田荣。（田儋列传）

（133）解家遂徙。诸公送者出千余万。轵人杨季主子为县掾，举徙解。解兄子断杨掾头。由此杨氏与郭氏为仇。（游侠列传）

（134）已而闻邓通常为帝唶吮之，心惭，由此怨通矣。（佞幸列传）

"由此"后面连接的动词性成分多为消极的，如"倍（背）""绌""怨""为仇"等。

三、小结

考察《史记》中的结果连词，总结如下。

1.《史记》中有单音结果连词 7 个，复音结果连词 11 个，共 18 个，共出现 826 次，占《史记》连词总量的 8.82%。

2. 单音连词都是沿用先秦的，主要有"则""而""以"。复音结果连词数量较多，"故乃""用是""因而""因此""因以"使用次数不多。

3."用是""因而""因此"是新兴的复音结果连词，使用数量少。

4. 复音结果连词由介宾词组凝固而成，如"是以""以此""因此""因以""由是""由此"等。由"故"组成复音连词，如"是故""故乃"等。

5. 由于单音结果连词"则""而""以"的功能过于复杂，兼类情况过多，在理解时容易出现偏差，复音结果连词的产生无疑会减少理解上的失误。如"以"有介词的用法，即使用作连词，也有除去结果连词外的多种功能，当和其他成分成为双音结果连词如"以此""因以"后，只表结果，不表其他。这对于理解内容无疑是有利的，复音连词数量也由此增加。

第十一章 目的连词

目的连词连接两个动词性词语，或用于目的复句的后一分句，表示目的连词后的动作行为是前一项动作行为的目的。常见的目的连词是"以""用"等。

一、目的连词研究的基本情况

对目的连词进行的研究是与目的复句密切相关的，如：贾崇柏[1]、刘红妮[2]。

二、《史记》中的目的连词

《史记》中目的连词的使用情况，见表 11.1。

表 11.1 《史记》中目的连词使用情况

目的连词　　相关数据	目的连词使用次数	占目的连词总量百分比（%）
以	394	85.10
而	67	14.47
用	2	0.43
共计	463	100

《史记》中目的连词"以"出现次数最多，共 394 例，占目的连

[1] 贾崇柏. 论目的连词和目的复句的今昔. 汉语学习，1984 年第 3 期.

[2] 刘红妮."以期"的词汇化及相关问题——兼论"以 V"的词汇化、共性与个性. 语言科学，2009 年第 1 期.

词总量的 85.10%，占有绝对优势；"而"出现 67 例，占目的连词总量的 14.47%，使用数量其次；"用"作为目的连词仅出现 2 例，使用数量最少。

（一）"以"

"以"除了用作顺承连词、结果连词之外，还可以用作目的连词，《史记》中共出现 394 例，如：

（1）三年，四方莫举乐，以思尧。（五帝本纪）

（2）禹乃行相地宜所有以贡，及山川之便利。（夏本纪）

（3）封纣子武庚禄父，以续殷祀，令修行盘庚之政。（殷本纪）

（4）康王即位，遍告诸侯，宣告以文、武之业以申之，作《康诰》。（周本纪）

（5）君试遗其女乐，以夺其志；为由余请，以疏其间；留而莫遣，以失其期。（秦本纪）

（6）封纣子武庚禄父，使管叔、蔡叔傅之，以续殷祀。（鲁周公世家）

（7）成王长，用事，举康叔为周司寇，赐卫宝祭器，以章有德。（卫康叔世家）

（8）吾恐其乐小利而不遂，故召辱之，以激其意。（张仪列传）

（9）而加赐相国应侯食物日益厚，以顺适其意。（范雎蔡泽列传）

（10）蔺相如前曰："赵王窃闻秦王善为秦声，请奏盆缻秦王，以相娱乐。"（廉颇蔺相如列传）

（11）上称帝喾，下道齐桓，中述汤武，以刺世事。（屈原贾生列传）

（12）北有长城之役，南有五岭之戍，外内骚动，百姓罢敝，头会箕敛，以供军费，财匮力尽，民不聊生。（张耳陈馀列传）

（13）原取吴王若将军头，以报父之仇。（魏其武安侯列传）

（二）"而"

"而"作为目的连词，连接两个动词性词语，表示后一项动作行为是前一项动作行为的目的，共出现 67 例，如：

（14）于是舜举鲧子禹，而使续鲧之业。（夏本纪）

（15）百姓怀之，多徙而保归焉。（周本纪）

（16）死而弃民，收其良臣而从死。（秦本纪）

（三）"用"

"用"除了用作动词使用外，还可以用作目的连词，表示目的，《史记》中共出现 2 例：

（17）然善属书离辞，指事类情，用剽剥儒、墨，虽当世宿学不能自解免也。（老子韩非列传）

（18）天下初定，骨肉同姓少，故广强庶孽，以镇抚四海，用承卫天子也。（汉兴以来诸侯王年表）

三、小结

考察《史记》中的目的连词，总结如下。

1.《史记》中的目的连词有"以""而""用"3 个，共出现 463 例，占《史记》连词总量的 5.33%。虽然从数量上看，目的连词不多，但从出现频率上看，目的连词所占比例不小。由此可见，在语义表达时，目的连词非常重要。

2. 目的连词主要连接动词性成分。

3. 虽然《史记》未出现复音目的连词，但因为用作目的连词的"以""而""用"都是兼类词，目的连词也应该是由单音向复音逐步发展的。

第十二章　修饰连词

修饰连词可以分为两类：一类用于连接两个动词性词语；一类用于连接状语和动词中心语。主要的修饰连词是"而"和"以"。修饰连词可以连接两个动词性成分，也可以连接状语和动词中心语。

一、修饰连词的判定

从语法功能和语义重点上看，修饰连词与顺承连词极为相近。顺承连词一般连接动词性成分或分句，表示两个动作行为或分句之间时间上的先后相承关系。顺承连词的前后成分，无论是动词性词语还是分句，都有连动的语义功能。修饰连词连接的前后项则没有连动关系。以下用"而"来举例说明。

修饰连词前后的动词性词语，表示前一项动作行为是后一项动作行为的方式、方法或条件，修饰限定后项，而非后项的前导动作。以《楚世家》同一卷内的"而"举例，如：

（1）楚众皆溃，去灵王而归。（楚世家）

（2）王觉而弗见，遂饥弗能起。（楚世家）

（3）且先出地而后绝齐，则秦计不为。先绝齐而后责地，则必见欺于张仪。（楚世家）

（4）十年，召蔡侯，醉而杀之。（楚世家）

（5）王因枕其股而卧。（楚世家）

（6）楚乃恐而城郢。（楚世家）

以上句中的"而"前后连接的都是动词性词语。（1）～（3）句中，"而"前后的动词性成分是连动关系，先"去"再"归"，先"觉"然后"弗见"，"先出地""后绝齐""先绝齐""后责地"，"而"是顺承连词；（4）～（6）句中，"而"的前项修饰限制后项，"醉"是"杀"的条件，"枕其股"是"卧"的方式，"恐"是"城"的状态，"而"是修饰连词。

修饰连词前项是状语时，表示前项是后项动作行为的时间、条件或方式。如：

（7）夫陛下以一人之誉而召臣，一人之毁而去臣，臣恐天下有识闻之有以窥陛下也。（季布栾布列传）

（8）已而枭彭越头于雒阳下，诏曰："有敢收视者，辄捕之。"布从齐还，奏事彭越头下，祠而哭之。（季布栾布列传）

（9）昔秦穆公尝如此，七日而寤。（扁鹊仓公列传）

（7）中，"以一人之誉""一人之毁"是"召臣""去臣"的条件；（8）中，"祠"是"哭"的方式；（9）中，"七日"后才"寤"，"七日"是持续的时间。这几句中的"而"，前项是状语，修饰限定后项，"而"是修饰连词。

二、《史记》中的修饰连词

《史记》中的修饰连词有"而""以"，共 2 个，1202 例。具体出现情况见表 12.1。

表 12.1　《史记》中修饰连词使用情况

相关数据 修饰连词	修饰连词使用次数	占修饰连词总量百分比（%）
而	481	40.02
以	721	59.98
共计	1202	100

《史记》中的修饰连词只有两个："而"和"以"。"以"共出现721 例，占修饰连词总量的 59.98%；"而"共出现 481 例，占修饰连词总量的 40.02%。

（一）"而"

修饰连词"而"连接两个动词性词语，《史记》中共出现 234 例，如：

（10）吴王闻袁盎来，亦知其欲说己，笑而应曰："我已为东帝，尚何谁拜？"（吴王濞列传）

（11）其射，见敌急，非在数十步之内，度不中不发，发即应弦而倒。（李将军列传）

（12）垂绛幡之素蜺兮，载云气而上浮。（司马相如列传）

以上句子中"而"表示前一项动作行为是后一项动作行为的地点、方式、条件等。

修饰连词"而"连接状语和动词中心语，《史记》中共出现247 例，如：

（13）三十而帝尧问可用者，四岳咸荐虞舜，曰可。（五帝本纪）

（14）闵天之徒患之，乃求有莘氏美女，骊戎之文马，有熊九驷，他奇怪物，因殷嬖臣费仲而献之纣。（周本纪）

（15）于是布币而策告之，龙亡而漦在，椟而去之。（周本纪）

（16）昔秦穆公尝如此，七日而寤。（扁鹊仓公列传）

连接状语和动词中心语的修饰连词表示前一项是动作行为的时间、条件、状态、处所等。在表示有数字标识的时间方面，"而"前的时间成分既表示"而"后动作行为产生之前的时间总结，如"二十年而老"；也可以表示动作行为发生时所处的时间，如"三十而帝尧问可用者"。

（二）"以"

修饰连词"以"连接两个动词性词语,《史记》中共出现 503 例, 如:

（17）武王持大白旗以麾诸侯, 诸侯毕拜武王, 武王乃揖诸侯, 诸侯毕从。（周本纪）

（18）入自皇门, 郑伯肉袒牵羊以逆, 曰:……（楚世家）

（19）华元杀羊食士, 不与其御羊斟, 怒以驰郑, 郑囚华元。（郑世家）

"以"连接的前后两项, 表示"以"前的成分是后面动作行为的方式、条件。

修饰连词"以"连接状语和动词中心语, 共出现 218 例, 如:

（20）顺事父及后母与弟, 日以笃谨, 匪有解。（五帝本纪）

（21）及孝公卒, 太子立, 宗室多怨鞅, 鞅亡, 因以为反, 而卒车裂以徇秦国。（秦本纪）

"以"连接的前项状语成分表示后项动作行为的时间、条件、状态、地点、方式、依据等。

另外, 还有"而""以"在一句中出现, 做修饰连词的情况:

（22）静渊以有谋, 疏通而知事; 养材以任地, 载时以象天, 依鬼神以制义, 治气以教化, 絜诚以祭祀。（五帝本纪）

此句中,"以""而"作为修饰连词, 连接状语和动词中心语。

三、小结

考察《史记》中的修饰连词, 总结如下。

1.《史记》中, 修饰连词只有"而"和"以","以"的使用数量多, 约占修饰连词总数的 60%, 占《史记》连词总量的 13.83%。

2. 修饰连词在语法功能和语义特点上，与顺承连词相似。顺承连词连接的前后成分或分句，表示动作行为或时间上的先后相承关系，有连动的语义特征。修饰连词的出现则是重点强调修饰连词后面的部分，修饰连词之前的成分用来做状语。修饰连词连接的前后项不存在连动关系。

第十三章　提起连词

表示提起的连词一般出现在一个语段的开头，主要是为了引起下文，有时根据它承前另提一个话题，也称为"转承连词"或"他转"。常见的提起连词有"若""如""且""若夫""且夫"等。

一、提起连词研究的基本情况

对提起连词的探讨有强调提起连词和词组区别的，如唐道雄[1]对"至于"和"至·于"进行了分析探讨。

单音提起连词有"若""如""且"等，都是兼类连词，所以在进行个案分析时，也会对这些词的提起连词用法进行说明。

二、《史记》中的提起连词

《史记》中的提起连词有若、且、至、若夫、至若、若至、若乃、及若、且夫、至于、至夫、至如，共 12 个，169 例。具体出现情况见表 13.1。

---

[1] 唐道雄."至·于·至于"辨略.湖南科技大学学报（社会科学版），1987 年第
3 期.

表 13.1　《史记》中提起连词使用情况

提起连词 相关数据		提起连词使用次数	占提起连词总量百分比（%）
若	若	5	2.96
	若夫	11	6.51
	至若	4	2.37
	若至	3	1.78
	若乃	3	1.78
	及若	1	0.59
且	且	59	34.91
	且夫	47	27.81
至	至	1	0.59
	至于	21	12.43
	至夫	1	0.59
	至如	13	7.69
共计		169	100

　　《史记》中提起连词共有 12 个，其中单音提起连词 3 个，复音提起连词 9 个。出现最多的提起连词是"且"，共出现 59 例，占提起连词总量的 34.91%；其次是"且"与词缀"夫"构成的复音连词"且夫"，共出现 47 例，占提起连词总量的 27.81%；再次是复音提起连词"至于"，共出现 21 例，占提起连词总量的 12.43%。

　　单音提起连词"若"衍生凝固成复音提起连词"若夫""若至""至若""若乃""及若"；"至"与词缀复合凝固成复音提起连词"至于""至夫""至如"；"且"复合衍生成复音提起连词"且夫"。

（一）"若"类连词

　　"若"类提起连词包括："若""若夫""至若""若至""若乃"

"及若"。

1. "若"

"若"在《史记》中出现在一句的开头，表示提起，共出现 5例，如：

（1）皆非有爵邑奉禄弄法犯奸而富，尽椎埋去就，与时俯仰，获其赢利，以末致财，用本守之，以武一切，用文持之，变化有概，故足术也。若至力农畜，工虞商贾，为权利以成富，大者倾郡，中者倾县，下者倾乡里者，不可胜数。（货殖列传）

（2）法家不别亲疏，不殊贵贱，一断于法，则亲亲尊尊之恩绝矣。可以行一时之计，而不可长用也，故曰"严而少恩"。若尊主卑臣，明分职不得相逾越，虽百家弗能改也。（太史公自序）

"若"在《史记》中还有"若夫""至若""若至""若乃""及若"等形式的提起连词。

2. "若夫"

"若夫"在《史记》中一共出现 11 例，表示"至于"的意思，如：

（3）中正无邪，礼之质也；庄敬恭顺，礼之制也。若夫礼乐之施于金石，越于声音，用于宗庙社稷，事于山川鬼神，则此所以与民同也。（乐书）

（4）北游目于燕之辽东而南登望于越之会稽，此再发之乐也。若夫泗上十二诸侯，左萦而右拂之，可一旦而尽也。（楚世家）

（5）王又勃然不说曰："若夫语五音之纪，信未有如夫子者也。若夫治国家而弭人民，又何为乎丝桐之间？"（田敬仲完世家）

（6）太史公曰：余读《司马兵法》，闳廓深远，虽三代征伐，未能竟其义，如其文也，亦少襃矣。若夫穰苴，区区为小国行师，何暇及《司马兵法》之揖让乎？（司马穰苴列传）

（7）蔡泽曰："若夫秦之商君，楚之吴起，越之大夫种，其卒

然亦可原与？"（范睢蔡泽列传）

（8）夫儒者以六藝为法。六藝经传以千万数，累世不能通其学，当年不能究其礼，故曰"博而寡要，劳而少功"。若夫列君臣父子之礼，序夫妇长幼之别，虽百家弗能易也。（太史公自序）

3."至若"

"至若"在《史记》中共出现4例，表示"至于"的语义：

（9）后有君子，得以览焉。至若俎豆珪币之详，献酬之礼，则有司存焉。（孝武本纪）

（10）虽惨酷，斯称其位矣。至若蜀守冯当暴挫，广汉李贞擅磔人，东郡弥仆锯项，天水骆璧推咸，河东褚广妄杀，京兆无忌、冯翊殷周蝮鸷，水衡阎奉朴击卖请，何足数哉！（酷吏列传）

（11）然关中长安樊仲子，槐里赵王孙，长陵高公子，西河郭公仲，太原卤公孺，临淮儿长卿，东阳田君孺，虽为侠而逡逡有退让君子之风。至若北道姚氏，西道诸杜，南道仇景，东道赵他、羽公子，南阳赵调之徒，此盗跖居民间者耳，曷足道哉！（游侠列传）

（12）太史公曰：夫神农以前，吾不知已。至若诗书所述虞夏以来，耳目欲极声色之好，口欲穷刍豢之味，身安逸乐，而心夸矜执能之荣。（货殖列传）

4."若至"

"若至"在《史记》中共出现3例，表示"至于"的意思：

（13）越之亡，荧惑守斗；朝鲜之拔，星茀于河戌；兵征大宛，星茀招摇：此其荦荦大者。若至委曲小变，不可胜道。（天官书）

（14）后有君子，得以览焉。若至俎豆珪币之详，献酬之礼，则有司存。（封禅书）

（15）然是富给之资也，不窥市井，不行异邑，坐而待收，身有处士之义而取给焉。若至家贫亲老，妻子软弱，岁时无以祭祀进醵，饮食被服不足以自通，如此不惭耻，则无所比矣。（货殖列传）

5. "若乃"

"若乃"在《史记》中出现在句首，为了引起下文，翻译成"至于"，共出现3例：

（16）新垣衍曰："燕则吾请以从矣；若乃梁者，则吾乃梁人也，先生恶能使梁助之？"（鲁仲连邹阳列传）

（17）且齐东陼巨海，南有琅邪，观乎成山，射乎之罘，浮勃澥，游孟诸，邪与肃慎为邻，右以汤谷为界，秋田乎青丘，傍徨乎海外，吞若云梦者八九，其于胸中曾不蒂芥。若乃俶傥瑰伟，异方殊类，珍怪鸟兽，万端鳞萃，充仞其中者，不可胜记，禹不能名，契不能计。（司马相如列传）

（18）若朋友交游，久不相见，卒然相睹，欢然道故，私情相语，饮可五六斗径醉矣。若乃州闾之会，男女杂坐，行酒稽留，六博投壶，相引为曹，握手无罚，目眙不禁，前有堕珥，后有遗簪，髡窃乐此，饮可八斗而醉二参。（滑稽列传）

6. "及若"

"及若"在《史记》中只出现1例，表示"至于"：

（19）韩子曰："儒以文乱法，而侠以武犯禁。"二者皆讥，而学士多称于世云。至如以术取宰相卿大夫，辅翼其世主，功名俱著于春秋，固无可言者。及若季次、原宪，闾巷人也，读书怀独行君子之德，义不苟合当世，当世亦笑之。（游侠列传）

7. "若"类提起连词形成过程

提起连词"若"是单音连词，也有复音提起连词"若夫""至若""若至""若乃""及若"等，而主要构词语素"若""至""乃""及"也都是表示提起关系的单音连词，其中"若"做提起连词是从假设连词发展而来的。

吕叔湘[1]在讨论"若夫""至如""至若"等提起连词时，指出

---

[1] 吕叔湘. 中国文法要略. 商务印书馆，1982 年.

了它们和假设之间的联系，并说："这几个词的假设之意甚轻，它们的主要作用在于另提一事。"

李晋霞[1]认为假设标记演变为话题标记是语言发展的一种共性，提出"假设标记→假设提出一个话题→提出一个话题"这一由表示假设到做话题标记的"假设义减弱、话题性渐强的过程"。

以下我们考察"若"的语法化过程。

先秦时期，"若"表示假设关系是常见的，既可以用在主语前，也可以用在主语后，如：

（20）（屈完）对曰："君若以德绥诸侯，谁敢不服？君若以力，楚国方城以为城，汉水以为池，虽众，无所用之。"（左·僖公四年）

（21）神所冯依，将在德矣。若晋取虞而明德以荐馨香，神其吐之乎？（左·僖公五年）

"若"在主语前的形式，是"若"演变为提起连词的基础。"若"连接的成分是提起的另外一个假设话题，那么"若"就有了由假设连词向提起连词转化的基础，如：

（22）穆姬闻晋侯将至，以大子罃、弘与女简、璧登台而履薪焉，使以免服衰绖逆，且告曰："上天降灾，使我两君匪以玉帛相见，而以兴戎。若晋君朝以入，则婢子夕以死；夕以入，则朝以死。唯君裁之。"（左·僖公十五年）

此句中"若"后的"晋君朝以入"相对于"若"前"而以兴戎"是另外提起的一个话题，但这时"若"表示假设的意义很明确，还是假设连词，而非提起连词。

"若"由表示假设向表示提起演化的条件是用于省略了部分成分的句子。在一定的语境中，"若"连接的句子可以省略一部分甚至大部分成分[2]，如：

（23）蔡史墨曰："范氏、中行氏其亡乎！中行寅为下卿，而干

[1] 李晋霞. 论话题标记"如果说". 汉语学习，2005 年第 1 期.

[2] 席嘉. 近代汉语连词. 中国社会科学出版社，2010 年.

上令，擅作刑器，以为国法，是法奸也。又加范氏焉，易之，亡也。其及赵氏，赵孟与焉。然不得已，若德，可以免。"（左·昭公二十九年）

（24）（向巢）辞曰："臣之罪大，尽灭桓氏可也。若以先臣之故，而使有后，君之惠也。若臣，则不可以入矣。"（左·哀公十四年）

这两句中都省略了句子成分，但由于谓语主体部分还在，所以整个句子的意义没有受到影响。"若"还是假设连词，但是由于省略了相关的成分，所以在理解假设的内容时，需要依靠上下文。由此假设义开始弱化，而"若"原有的话题标记作用就重点体现出来。这样，"若"假设义逐渐减弱，话题义逐渐增强。由此，"若"由假设连词演变为提起连词。如：

（25）子曰："若圣与仁，则吾岂敢。抑为之不厌，诲人不倦，则可谓云尔已矣。"（论·述而）

（26）齐景公待孔子曰："若季氏，则吾不能；以季、孟之间待之。"（论·微子）

以上提起连词"若"都是连接名词性成分，当"若"连接谓词性成分时，还有可能被认作是假设连词，而非提起连词，所以在"若"表提起连词之后，出现了一些专门用作提起连词的复音连词，如：

（27）鸟兽之肉不登于俎，皮革齿牙、骨角毛羽不登于器，则公不射，古之制也。若夫山林川泽之实，器用之资，皂隶之事，官司之守，非君所及也。（左·隐公五年）

（28）八家皆私百亩，同养公田；公事毕，然后敢治私事，所以别野人也。此其大略也；若夫润泽之，则在君与子矣。（孟·滕文公上）

（27）句"若夫"连接名词性成分，（28）句"若夫"连接动词性成分。

（二）"且"类连词

"且"类提起连词包括：且、且夫。

1."且"

"且"除了作为并列连词、递进连词外，还可以用作提起连词，共出现59例，如：

（29）径数国千里而袭人，希有得利者。且人卖郑，庸知我国人不有以我情告郑者乎？（秦本纪）

（30）君臣有间，乃可虏也。且戎王好乐，必怠于政。（秦本纪）

（31）死而弃民，收其良臣而从死。且先王崩，尚犹遗德垂法，况夺之善人良臣百姓所哀者乎？（秦本纪）

（32）朕尊万乘，毋其实，吾欲造千乘之驾，万乘之属，充吾号名。且先帝起诸侯，兼天下，天下已定，外攘四夷以安边竟，作宫室以章得意，而君观先帝功业有绪。（秦始皇本纪）

（33）夫将军居外久，多内郤，有功亦诛，无功亦诛。且天之亡秦，无愚智皆知之。（项羽本纪）

（34）吾虽都关中，万岁后吾魂魄犹乐思沛。且朕自沛公以诛暴逆，遂有天下，其以沛为朕汤沐邑，复其民，世世无有所与。（高祖本纪）

（35）王恃楚之虚名，而轻绝强秦之敌，王必为天下大笑。且楚韩非兄弟之国也，又非素约而谋伐秦也。（韩世家）

（36）虽以臣为贱人而轻辱，独不重任臣者之无反复于王邪？且臣闻周有砥砨，宋有结绿，梁有悬藜，楚有和朴，此四宝者，土之所生，良工之所失也，而为天下名器。（范雎蔡泽列传）

（37）今天下已定，又何愈也！且陛下病甚，大臣震恐，不见臣等计事，顾独与一宦者绝乎？且陛下独不见赵高之事乎？（樊郦滕

灌列传）

2.“且夫”

提起连词“且”还可以构成“且夫”，共出现 47 例，如：

（38）今天以吴赐越，越其可逆天乎？且夫君王蚤朝晏罢，非为吴邪？（越王勾践世家）

（39）吾闻姞姓乃后稷之元妃，其后当有兴者。子兰母，其后也。且夫人子尽已死，余庶子无如兰贤。（郑世家）

（40）今王使欲地者制玺，使欲玺者制地，魏氏地不尽则不知已。且夫以地事秦，譬犹抱薪救火，薪不尽，火不灭。（魏世家）

（41）夫魏氏并邯郸，其于齐何利哉？且夫救赵而军其郊，是赵不伐而魏全也。（田敬仲完世家）

（42）疑行无名，疑事无功。且夫有高人之行者，固见非于世；有独知之虑者，必见敖于民。（商君列传）

（43）梁南与楚而不与齐，则齐攻其东；东与齐而不与赵，则赵攻其北；不合于韩，则韩攻其西；不亲于楚，则楚攻其南：此所谓四分五裂之道也。且夫诸侯之为从者，将以安社稷尊主强兵显名也。（张仪列传）

（44）非敢饰辞以避死也，为羞累先主之名，愿大夫为虑焉，使臣得死情实。且夫顺成全者，道之所贵也；刑杀者，道之所卒也。（蒙恬列传）

（45）余死，汝必为太史；为太史，无忘吾所欲论著矣。且夫孝始于事亲，中于事君，终于立身。（太史公自序）

（三）“至”类连词

“至”类提起连词包括：至、至于、至夫、至如。

1.“至”

在《史记》中，只有 1 例“至”做提起连词的用例：

（46）故言九州山川，尚书近之矣。至禹本纪、山海经所有怪物，余不敢言之也。（大宛列传）

2．"至于"

"至"还可以和"于"组成复音提起连词"至于"，共出现 21 例，如：

（47）奕世载德，不忝前人。至于文王、武王，昭前之光明而加之以慈和，事神保民，无不欣喜。（周本纪）

（48）曩者霸上、棘门军，若儿戏耳，其将固可袭而虏也。至于亚夫，可得而犯邪！（绛侯周勃世家）

（49）走者可以为罔，游者可以为纶，飞者可以为矰。至于龙吾不能知，其乘风云而上天。吾今日见老子，其犹龙邪！（老子韩非列传）

（50）丞相奏事毕，因言曰："陛下爱幸臣，则富贵之；至于朝廷之礼，不可以不肃！"（张丞相列传）

（51）然守之日久不得，或为之日少而得之，至于封侯，真命也夫！（张丞相列传）

（52）如此则主劳而臣逸。至于大道之要，去健羡，绌聪明，释此而任术。（太史公自序）

3．"至夫"

在《史记》中，还有 1 例"至夫"，表示提起，另申一义：

（53）何则，慈仁殷勤，诚加于心，不可以虚辞借也。至夫秦用商鞅之法，东弱韩、魏，兵强天下，而卒车裂之；越用大夫种之谋，禽劲吴，霸中国，而卒诛其身。（鲁仲连邹阳列传）

4．"至如"

"至如"表示"至于"，强调先论述一事，再转而论述与其有关的其他事。在《史记》中，"至如"共出现 13 例，如：

（54）诸此祠皆太祝常主，以岁时奉祠之。至如他名山川诸鬼及

八神之属，上过则祠，去则已。（封禅书）

（55）凡六祠，皆太祝领之。至如八神诸神，明年、凡山他名祠，行过则祠，行去则已。（封禅书）

（56）是少与我俱，见苦，为生难，故重弃财。至如少弟者，生而见我富，乘坚驱良逐狡兔，岂知财所从来，故轻弃之，非所惜吝。（越王勾践世家）

（57）今诸君徒能得走兽耳，功狗也。至如萧何，发踪指示，功人也。（萧相国世家）

（58）太史公曰：学者多言无鬼神，然言有物。至如留侯所见老父予书，亦可怪矣。（留侯世家）

（59）诸将易得耳。至如信者，国士无双。（淮阴侯列传）

（60）古有社稷之臣，至如黯，近之矣。（汲郑列传）

（61）丞相弘燕见，上或时不冠。至如黯见，上不冠不见也。（汲郑列传）

（62）好直谏，守节死义，难惑以非。至如说丞相弘，如发蒙振落耳。（汲郑列传）

（63）二者皆讥，而学士多称于世云。至如以术取宰相卿大夫，辅翼其世主，功名俱著于春秋，固无可言者。（游侠列传）

（64）比如顺风而呼，声非加疾，其势激也。至如闾巷之侠，修行砥名，声施于天下，莫不称贤，是为难耳。（游侠列传）

（65）名不虚立，士不虚附。至如朋党宗强比周，设财役贫，豪暴侵凌孤弱，恣欲自快，游侠亦丑之。（游侠列传）

5. "至"类提起连词的演化过程

"至"做提起连词来源于动词[1]。"至"做动词表示"到""到达"的意义，可以表示到达的地点或时间，如：

---

[1] 席嘉. 近代汉语连词. 中国社会科学出版社，2010 年.

（66）狄人囚史华龙滑与礼孔以逐卫人。二人曰："我，大史也，实掌其祭。不先，国不可得也。"乃先之。至则告守曰："不可待也。"（左·闵公二年）

（67）今夫麰麦，播种而耰之，其地同，树之时又同，浡然而生，至于[1]日至之时，皆孰矣。（孟·告子上）

（66）中的"至"表示到达某地，（67）中的"至"表示到达某个时间。

"至"连接的内容逐步由地点、时间转到对象，如：

（68）宣王有志，而后效官。至于幽王，天不吊周，王昏不若，用愆厥位。携王奸命，诸侯替之，而建王嗣，用迁郏鄏。则是兄弟之能用力于王室也。至于惠王，天不靖周，生颓祸心，施于叔带，惠、襄辟难，越去王都。（左·昭公二十六年）

（69）如使口之于味也，其性与人殊，若犬马之与我不同类也，则天下何耆皆从易牙之于味也？至于味，天下期于易牙，是天下之口相似也。惟耳亦然。至于声，天下期于师旷，是天下之耳相似也。惟目亦然。至于子都，天下莫不知其姣也。不知子都之姣者，无目者也。故曰，口之于味也，有同耆焉；耳之于声也，有同听焉；目之于色也，有同美焉，至于心，独无所同然乎？（孟·告子上）

（68）句"至于幽王""至于惠王"，有时间上的相承关系，所以这里的"至于"还是动词；（69）句在"至于味"前有"从易牙之于味"，在"至于声"前有"惟耳亦然"，所以"至于"前后还有事理上的联系，这时"至于"还不是提起连词，还处在转化的过程中。

---

[1] 席嘉认为，"至于"和"至"的演化是同步的。先秦"至"做动词，在联系的时间、地点、对象前面一般要有介词"于"，因此"至于"的用例在演化前后明显多于"至"。随着连接的内容由时间、地点发展到对象、事件，介词"于"与其宾语的联系趋于松散，当"于"后面的内容变成话题后，不再需要"于"的引介，"于"最终与前面的"至"凝固为"至于"。参见席嘉的《近代汉语连词》（中国社会科学出版社，2010年）。

由连接对象再进一步引申，"至"用于连接事件，如：

（70）今有璞玉于此，虽万镒，必使玉人雕琢之。至于治国家，则曰"姑舍女所学而从我"，则何以异于教玉人雕琢玉哉？（孟·梁惠王下）

（70）句中"至于"前谈的是"雕琢"玉，"至于"后连接的是"治国家"，有另起话题之义，也有推此及彼之义。当"至于"后内容不再是进行"至于"前内容的推此及彼论证时，"至于"完全演化为提起连词，如：

（71）项王为人，恭敬爱人，士之廉节好礼者多归之。至于行功爵邑，重之，士亦以此不附。（陈丞相世家）

三、小结

考察《史记》中的提起连词，总结如下。

1.《史记》中单音提起连词 3 个，复音提起连词 9 个，共 12 个，共出现 169 例，占《史记》连词总量的 1.94%。

2.《史记》中有"若"类提起连词、"且"类提起连词、"至"类提起连词三类。"若"类提起连词最多。

第十四章 结语

一、阐释

本书对《史记》中的连词系统进行了全面的考察，包括并列连词、顺承连词、选择连词、递进连词、假设连词、让步连词、转折连词、原因连词、结果连词、目的连词、修饰连词、提起连词，共12类，其各类连词使用情况考察如下（表14.1）：

表 14.1 《史记》中连词系统数量汇总

连词类型 / 相关数据	各类型连词总量	占连词总量百分比（%）
并列连词	1241	14.19
顺承连词	3677	42.06
选择连词	93	1.06
递进连词	75	0.86
假设连词	333	3.81
让步连词	403	4.61
转折连词	237	2.71
原因连词	24	0.27
结果连词	826	9.45
目的连词	463	5.30
修饰连词	1202	13.75
提起连词	169	1.93
共计	8743	100

（一）《史记》连词系统使用情况

《史记》连词系统共分为 12 类，共有连词 159 个，共计出现 8743 例。

并列连词有"与、与其、及、而、以、以及、及其、且、惟、暨、息、有、若、则、非……而……、且……且……、非……维……、既……维……、既……又……、亦……亦……"，共 19 个，共出现 1241 例，占《史记》连词系统总量的 14.19%。

顺承连词是一个大类，数量多，用例总量多。《史记》中单音顺承连词有"而、以、若、如、则、遂、乃、故、因、即"，复音顺承连词有"而后、后而、已而、而复、而又、而遂、既而、而乃、于是、于是乃、于是遂、于是乎、因遂、乃遂、乃因、故遂、因而、然后、以至、以至于、然则"，共 31 个，共出现 3677 例，占《史记》连词系统总量的 42.06%。

选择连词共有 18 个，其中单音选择连词 14 个，复音选择连词 4 个。单音选择连词有"若、如、与、宁……不……、宁……无……、与……宁……、宁……安……、且、将、非……则……、不……则……、或……或……、非……而……、不……而……"，复音选择连词有"与其……不如……、与其……岂若……、不……而乃……、意者"，共出现 93 例，占《史记》连词总量的 1.06%。

递进连词共有 14 个，其中单音递进连词 3 个，复音递进连词 11 个。单音递进连词有"而、况、且"，复音递进连词有"而又、况乃、又况、又况于、况乎、而况乎、况于、而况于、而况、且又、又且"，共出现 75 次，占《史记》连词总量的 0.86%。

假设连词有"若、如、苟、即、诚、使、设、果、厥、微、若非、如非、有如、如有、诚使、诚令、乡（向）使、藉（借）使、假使、假令、向令、弟令、如令、若使、忽然、自非"，共 26 个，共出现 333 例，占《史记》连词系统总量的 3.81%。其中单音假设连词 10 个，复音假设连词 16 个。

让步连词有"虽、犹、纵、即、尚犹、藉弟令",共 6 个,共 403 例,占《史记》连词系统总量的 4.61%。

转折连词有"而、乃、然、则、然而、顾弟",共 6 个,共 237 例,占《史记》连词系统总量的 2.71%。

原因连词有"以、为、则、由",共 4 个,共 24 例,占《史记》连词系统总量的 0.27%。

结果连词主要有"则、而、以、故、乃、用、因、是以、以此、是故、以故、故乃、用是、因而、因此、因以、由是、由此",共 18 个,共 826 例,占《史记》连词系统总量的 9.45%。

目的连词主要有"以、而、用",共 3 个,共出现 463 例,占《史记》连词系统总量的 5.3%。

修饰连词有"而、以",共 2 个,共 1202 例,占《史记》连词系统总量的 13.75%。

提起连词有"若、且、至、若夫、至若、若至、若乃、及若、且夫、至于、至夫、至如",共 12 个,共 169 例,占《史记》连词系统总量的 1.93%。

(二)《史记》连词使用情况说明

1. 并列连词使用情况说明

《史记》中出现的并列连词都是先秦延续下来继续使用的,此期没有产生新的并列连词。

1)出现频率较高的并列连词"及""与",在先秦也是较为重要、常见的并列连词,主要连接名词和名词性成分,很少连接动词性成分,如:

(1)齐、王舅也;晋及鲁、卫,王母弟也。(左·昭公十二年)

(2)诸侯之师城虎牢而戍之,晋师城梧及制,士鲂、魏绛戍之。(左·襄公十年)

(3)其不改父之臣与父之政,是难能也。(论·子张)

《史记》中"及""与"主要连接名词和名词性成分，连接的并列成分做句子的主语或宾语。

2）并列连词"而"先秦用例较多，主要连接形容词和动词性成分，如：

（4）夫达也者，质直而好义，察言而观色，虑以下人。（论·颜渊）

《史记》中并列连词"而"连接的情况没有变化，如：

（5）长子刚毅而武勇，信人而奋士，即位必用蒙恬为丞相，君侯终不怀通侯之印归于乡里，明矣。（李斯列传）

以上句中"而"连接形容词"刚毅""武勇"，连接动词性成分"信人""奋士"。

3）并列连词"以"在先秦时期主要连接动词和形容词，如：

（6）乐姚冶以险，则民流慢鄙贱矣。（荀·乐论）

《史记》中"以"出现的次数有限，主要连接形容词，如：

（7）驺忌子曰："夫大弦浊以春温者，君也；小弦廉折以清者，相也；攫之深而舍之愉者，政令也；钧谐以鸣，大小相益，回邪而不相害者，四时也：吾是以知其善也。"（田敬仲完世家）

《史记》中"以"连接的并列成分主要以单音词为主，这与其在先秦的使用情况也是相符的，只是在《司马相如列传》中出现了双音的格式，如：掉指桥以偃寒兮，又旖旎以招摇；红杳渺以眩湣兮，猋风涌而云浮。

4）"且"作为并列连词在《史记》中共出现 20 例，主要连接动词性成分或形容词，如：

（8）其骑曰："虏多且近，即有急，奈何？"（李将军列传）

另外还有 5 例"且……且……"的格式，这是对《诗经》"即……且……""洵……且……""终……且……""众……且……"结构的延续和发展。

　　5）"惟""暨""泉"先秦时作为并列连词使用就很少，《史记》中均只出现 1 例；且到了后代，"惟""泉"并列连词用法几乎不用，"暨"保留到书面语中。

　　6）"有"作为连接数词的并列连词先秦时期用例很多，《史记》中继续沿用，但也有数词之间没有使用"有"连接的，用"有"来连接数词的方式逐步消失。

　　7）"若"有并列连词用法 7 例，《史记》中"若"主要用作假设连词，共 92 例，从数量上看，"若"的并列连词使用不占优势。

2. 顺承连词使用情况说明

　　《史记》中复音顺承连词数量明显多于单音顺承连词，单音联合相应成分组合凝固成复音连词的情况较为多见。

　　1）"而"与其他成分组合形成"而"类顺承连词，如"而后""后而""已而""而复""而又""而遂""而乃"等。

　　2）"于是"本是双音顺承连词，加上词缀后构成三音顺承连词"于是乃""于是遂""于是乎"。

　　3）单音顺承连词"遂"组合后形成"遂"类复音顺承连词"因遂"；单音顺承连词"乃"组合凝固成"乃"类复音顺承连词"乃遂""乃因"；单音顺承连词"故"组合凝固成"故"类复音顺承连词"故遂"；单音顺承连词"因"组合凝固成"因"类复音顺承连词"因而"；双音顺承连词"以至"组合凝固成"以至"类复音顺承连词"以至于"。

3. 选择连词使用情况说明

　　1）选择连词单独使用的不多，仅有"若""如""与""且""将"，共 14 例。大多数都是复式，如"宁"类、"与其"类等。

　　2）"则""而"均可构成"非（不）……则（而）……"的格式，出现此种格式的次数相同，表示选择时非此即彼。

　　3）复音选择连词"与其"构成"与其……不如……""与其……岂若……"的形式，表示选择时是此非彼。

　　4）"X 与不 X"格式表示的是选取式选择。

5）"或"组成"或……或……"的结构，可以表示：①选择项之间是互补、非此即彼关系；②选择项之间是平行叙述关系。

4. 递进连词使用情况说明

递进连词在递进复句中连接分句，表示递进关系。递进连词中复音连词占明显优势，单音递进连词仅有"而""况""且"，更主要的是由这三个单音连词组成的复音递进连词。

1）单音递进连词"况"联合其他成分组合凝固成"况"类复音递进连词"况乃""又况""又况于""况乎""而况乎""况于""而况于""而况"。

2）单音递进连词"而"联合其他成分组合凝固成"而"类复音递进连词"而又"。

3）单音递进连词"且"联合其他成分组合凝固成"且"类复音递进连词"且又""又且"。

5. 假设连词使用情况说明

复音假设连词组合能力增强，由单音凝固为复音假设连词。

1）单音假设连词"若"和"如"与"非"凝固为复音假设连词"若非""如非"。"若非""如非"均各出现1例。

2）单音假设连词"如"与"有"凝固成复音假设连词"如有""有如"，形成"如"类假设连词。"有如"出现次数多于"如有"。

3）单音假设连词"诚"与"使""令"凝固为"诚"类复音假设连词"诚使""诚令"。"诚使""诚令"出现次数少，均只出现2例。

4）复音假设连词"假使""向令""弟令""如令""若使""忽然""自非"，均只出现1例。

6. 让步连词使用情况说明

1）让步连词数量不多，只有"虽"使用频率较高，"虽"作为让步连词，有事实让步和假设让步之分。

2）单音让步连词"犹"与"尚"组合凝固成"犹"类复音让步连词"尚犹"。

7. 转折连词使用情况说明

　　1）单音转折连词"则""乃"出现数量较少，只有 6 例和 2 例，使用频率较低。

　　2）复音转折连词"顾弟"，只出现 1 例，使用频率最低。

　　3）单音转折连词"然"与连词"而"组合凝固成复音转折连词"然而"。

8. 原因连词使用情况说明

　　1）单音原因连词都从先秦沿用而来，没有出现复音原因连词。

　　2）原因连词"以"后多连接"其"，组成"以其"的格式，"其"代指前面分句的宾语或判断句的主语成分。

9. 结果连词使用情况说明

　　复音结果连词大多由单音结果连词组合凝固形成。

　　1）单音结果连词"以"与其他成分组合凝固成"以"类复音结果连词"是以""以此"。

　　2）单音结果连词"故"联合其他成分凝固成"故"类复音结果连词"是故""以故""故乃"。

　　3）单音结果连词"用"与"是"联合，形成复音结果连词"用是"。

　　4）单音结果连词"因"联合其他成分凝固成"因"类复音结果连词"因而""因此""因以"。

　　5）单音结果连词"由"与"是""此"凝固成"由是""由此"。

10. 目的连词使用情况说明

　　《史记》中目的连词有"以""而""用"3 个，共出现 463 例，占《史记》连词总量的 5.33%。虽然从数量上看，目的连词不多，但从出现频率看，目的连词所占比例不小。由此可见，在语义表达时，目的连词非常重要。

11. 修饰连词使用情况说明

　　《史记》中的修饰连词只有两个："而"和"以"。"以"共出现 721 例，占修饰连词总量的 59.98%；"而"共出现 481 例，占修饰连词总量的 40.02%。

修饰连词在语法功能和语义特点上，与顺承连词相近。顺承连词连接的前后成分或分句，表示动作行为或时间上的先后相承关系，有连动的语义特征。修饰连词的出现则是重点强调修饰连词后面的部分，修饰连词之前的成分用来做状语，修饰连词连接的前后项没有连动关系。

12. 提起连词使用情况说明

单音提起连词"若"衍生并凝固成复音提起连词"若夫""若至""至若""若乃""及若"；"至"与词缀复合凝固而成复音提起连词"至于""至夫""至如"；"且"复合衍生为复音提起连词"且夫"。

（三）《史记》连词系统特点

1. 并列连词特点

考察《史记》中的并列连词，有如下特点。

1）没有新产生的并列连词，所有的并列连词均是先秦并列连词的延续。

2）比较"与""及"，因为在先秦时期"与"主要用作伴随介词，"及"主要用作并列连词，导致西汉时这种痕迹依然很明显。在进行并列连词"与"使用情况分析时，一定要考虑并列连词"与"和伴随介词"与"的纠葛，并加以区分。

3）"而"出现 11 例复指人物身份的句子。这种形式先秦时期未见，是《史记》特有的。这种格式的特点如下。

A."而"前的内容表示被介绍者对于上辈人的身份，"而"后的内容表示被介绍者与同辈人的关系。这样表述人物，脉络清晰，历时、共时地定位人物身份。

B. 这种格式出现在"本纪""世家""列传"相应卷目中，以人物为线索，高度概括了人物身份和亲属关系。

C. 介绍与"而"前后内容相关的人物活动情况，便于接续事情由来，了解历史梗概。

2. 顺承连词特点

考察《史记》中的顺承连词，有以下特点。

1）顺承连词无论是在连词个数，还是在使用总量上都是占有很大比重的一类连词。顺承连词内部，由单音向复音组合凝固的形式加强。从使用数量上看，仍旧是单音顺承连词占优势（单音顺承连词共出现 3012 例，占顺承连词使用总量的 81.91%）。复音顺承连词共出现 665 例，除了"于是""而后"占很大比例外，其他复音顺承连词出现数量相似。

2）考察"而后"的语法化过程，证明连词"而"和名词"后"组合凝固后形成顺承连词"而后"，并对陈宝勤[1]的结论进行补充。

A.《史记》"而后"结构中的"前""后"除延续先秦用法表示时间外，还可以表示方位，这种情况是《史记》特有的。

B. "而"连接的前项是数量词，而非谓语成分。

（四）新产生的连词

《史记》中新产生复音递进连词"且又"10 例、"况乃"1 例、"而况乎"1 例，新产生复音假设连词"诚使""诚令"各 2 例，新产生复音让步连词"藉弟令"1 例。

二、总结

通过对《史记》连词系统的考察，并与先秦及西汉时期的文献进行对比分析，基本可以描绘出《史记》连词系统的总貌和特点。

---

[1] 陈宝勤. 试论"而后""而已""而况""而且""既而""俄而""然而". 沈阳大学学报，1994 年第 3 期.

1.《史记》中，共有 159 个连词[1]，数量较多，使用类别较全面。从音节结构看，有单音连词和复音连词。其中单音连词 80 个，复音连词 79 个。单音连词与复音连词个数相近。顺承连词数量最多，共出现 3677 例，占连词总量的 42.06%；其次是并列连词，共出现 1241 例，占连词总量的 14.19%。

1)《史记》中单音连词有 80 个，与《淮南子》相比，"兼""爰""缘"等连词在《史记》中未出现。《淮南子》中未出现、《史记》中出现的单音连词有："并""暨""泉""意""将""设""果""厥""尚""纵""犹""即""由""用"等。

《史记》中复音连词 79 个。与《淮南子》相比，"何况""犹尚""及其""及至""乃至""或者""为是"等《史记》中未出现，但《史记》中也产生了一批《淮南子》中未有的双音节连词，如："后而""而复""而又""乃遂""故遂""以至""既而""从而""况乃""况乎""况于""且又""若非""如非""如有""如其""诚使""诚令""借（藉）使""向（乡）使""假令""忽然""向令""弟令""如令""若使""尚犹""顾弟""以故""以此""用是""由是""由此""故乃""至若""若至""若乃""及若""至如""至夫""意者"等。三音节连词《淮南子》中出现而《史记》中未出现的如："何况夫""何况乎""又况乎""又况夫""而又况""而尚犹"等。《史记》中出现而《淮南子》中没有的三音节连词如："于是乃""于是遂""于是乎"

---

[1] 李爱红统计《盐铁论》中连词有 50 个：苟、顾、及、既、将、且、矧、已、而、因、用、与、曰、纵、然、如、若、无、有、之、自、至、虽、则、故、以、苟为、若夫、且夫、与其、然而、然则、于是、是以、况乎、而况、何况、遂乃、意者、若则、虽即、无其、自非、以此、以故、而后、从而、故乃等。其中单音连词 27 个，复音连词 23 个。李爱红.《盐铁论》虚词研究. 华东师范大学学位论文，2006 年.

通过比较，《盐铁论》中有而《史记》中没有的是：顾、矧、曰、无、之、自、苟为、何况、遂乃、若则、虽即、无其、从而、故乃。

赵琴统计《淮南子》中的连词有 115 个。赵琴.《淮南子》连词研究. 苏州大学学位论文，2010 年.

黎路遐统计《新书》中的连词有 64 个。黎路遐.《新书》虚词研究. 安徽大学学位论文，2006 年.

"以至于""又况于""而况乎""而况于""藉弟令"等。[1]

由此看，《史记》时期，除了继续沿用上古延续下来的连词外，大量复音连词也随之产生。如复音递进连词"且又""况乃""而况乎"和复音假设连词"诚使""诚令"，都是前代未出现而《史记》中初次出现的。

据赵琴[2]的统计，《淮南子》中，连词共有 115 个，其中单音连词 64 个，占连词总量的 55.17%；复音连词 51 个，占连词总量的 44.83%。《史记》中连词的数量无论单音还是复音，都多于《淮南子》中的连词数量。

根据殷国光[3]的统计，《吕氏春秋》中，连词共有 35 个，其中单音连词 30 个（98.7%），复音连词 5 个（1.3%）。将《吕氏春秋》与《史记》相比较，《史记》中的单音连词数多于《吕氏春秋》，复音连词数明显超过《吕氏春秋》。由此可见，从战国末年到西汉初年，复音连词增长迅猛。[4]

2）单音连词通过与其他词复合凝固，产生双音节词。功能多样的单音连词，也衍生出不同类别的双音连词，如"而"的复音连词有"而复""而又""从而""已而""而况""然而""因而"，"以"衍生出"以至""是以""以故""以此""所以"，"则"衍生出"然则"，"若"衍生出"岂若""若非""若使""若夫""至若""若至""若乃""及若"，"使"衍生出"诚使""借（藉）使""向（乡）使""假使"。

3）三音节连词是由双音节连词加上"于""乎"或另外一个连词构成的，如"于是"延伸为"于是乃""于是遂""于是乎"，"以

---

[1] 以上《淮南子》中出现连词的情况参见赵琴的《〈淮南子〉连词研究》（苏州大学学位论文，2010 年）。

[2] 赵琴.《淮南子》连词研究. 苏州大学学位论文，2010 年.

[3] 殷国光.《吕氏春秋》词类研究. 华夏出版社，1997 年.

[4]《盐铁论》中，共有 50 个连词，其中单音连词 27 个，占总出现频率的 92.6%；复音连词 23 个，占总出现频率的 7.4%。李爱红.《盐铁论》虚词研究. 华东师范大学学位论文，2006 年.

至"衍生出"以至于","又况"衍生出"又况于","而况"衍生出
"而况于""而况乎"。

4）双音节连词中两个语素前后互换而不影响功能，如顺承连词
中的"而后"和"后而"，假设连词中的"有如"和"如有"。

2. 与《史记》同时期的其他文献相比，有些复音连词在《史记》
中未出现，但在其他文献中出现频率也不高。同理，在其他文献中
未出现，但《史记》中出现的复音连词，使用频率也不高。可见，
有一大部分复音连词在此期正是产生及逐渐发展阶段，并没有达到
频繁使用的程度。这也与在战国末年复音连词使用很少，但在西汉
时期复音连词刚刚大量出现并使用相关。

3.《史记》中的连词，绝大多数都可以连接分句或句子，连接
词或词组的连词占的比例比较小。连词在分句或复句中出现的位置，
有的只出现在前一分句，有的只出现在后一分句。

4. 连词是语法化的结果，在此过程中，内部的语义存在不可避
免的纠葛，这样也就导致连词系统内部存在兼类的情况（见表 14.2）。
如连词"而"有并列连词、顺承连词、递进连词、转折连词、结果
连词、目的连词、修饰连词等用法，连词"以"也有六种之多。化
解这种纠葛的办法是使连词单音变复音，通过音节的增加趋向于明
确表达语义。

三、余论

本书对《史记》连词系统进行了考察和探讨，在写作的过程中
有一些思考，但限于时间、精力和能力，还有进一步深入研究的空
间。

1. 关于连词的分类问题。连词的分类历来有不同的观点，至今
未达成一致的意见，用怎样的标准来确定是一个重要的问题，也是
一个争议很大的问题。还有，类别内部的层级关系应该怎样处理，
都是需要细致分析的问题。

表 14.2 《史记》中兼类连词使用情况统计

（单位：%）

连词类别\兼类连词	而 词频	而 百分比[1]	与 词频	与 百分比	以 词频	以 百分比	且 词频	且 百分比	若 词频	若 百分比	如 词频	如 百分比	则 词频	则 百分比
并列	391	24.08	288	99.31	27	1.86	20	24.10	7	5.88				
顺承	438	26.97			151	10.43			6	5.04	4	26.67	53	20.70
选择			2	0.69										
递进	7	0.43					4	4.82	9	7.56	1	6.67		
假设									92	77.31	10	66.67		
让步														
转折	119	7.33											6	2.34
原因					19	1.31							2	0.78
结果	121	7.45			136	9.39							195	76.17
目的	67	4.13			394	27.21								
修饰	481	29.62			721	49.79								
提起							59	71.08	5	4.20				
总计	1624	100	290	100	1448	100	83	100	119	100	15	100	256	100

[1] "百分比"为：本栏连词词频数占此连词各类使用之和的百分比。

续表

兼类连词 连词类别	乃 词频	乃 百分比	故 词频	故 百分比	因 词频	因 百分比	即 词频	即 百分比	而又 词频	而又 百分比	因而 词频	因而 百分比	与其 词频	与其 百分比
并列													11	73.33
顺承	1290	98.77	252	84.85	179	96.24	141	61.84	2	25.00	8	61.54		
选择													4[1]	26.67
递进									6	75.00				
假设	2	0.15					84	36.84						
让步							3	1.32						
转折														
原因														
结果	14	1.07	45	15.15	7	3.76					5	38.46		
目的														
修饰														
提起														
总计	1306	100	297	100	186	100	228	100	8	100	13	100	15	100

[1] 选择连词"与其"包括 3 例"与其……不如……"和 1 例"与其……岂若……"。

2. 连词和副词、介词的界定。连词的产生离不开介词和副词、语气词，但是在什么阶段语法化为连词，以及连词与其他类词的纠葛脉络怎样，需要进一步分类进行梳理。

3. 汉语连词的时代特征。由于受各种条件所限，本书未对西汉、东汉时期更多的作品进行全面详尽的对比分析，所以仅能谈《史记》本身的状态。如果参照更多的语料，可以展示两汉连词的基本面貌，在专书基础上的断代连词系统会更清晰，也会更明显地体现古汉语连词的时代特征。

参考文献

著作类：

[1]班固. 汉书[M]. 北京：中华书局，1962.

[2]程湘清. 两汉汉语研究[M]. 济南：山东教育出版社，1984.

[3]崔永东. 两周金文虚词集释[M]. 北京：中华书局，1994.

[4]冯胜利. 汉语韵律句法学[M]. 上海：上海教育出版社，2000.

[5]管燮初. 西周金文语法研究[M]. 北京：商务印书馆，1981.

[6]管燮初. 殷墟甲骨刻辞的语法研究[M]. 北京：中国科学院，1953.

[7]郭锡良. 汉语史论集（增补本）[M]. 北京：商务印书馆，2005.

[8]何乐士. 左传虚词研究[M]. 北京：商务印书馆，1989.

[9]何乐士等. 古代汉语虚词通释[M]. 北京：北京出版社，1985.

[10]胡裕树. 现代汉语（重订本）[M]. 上海：上海教育出版社，1995.

[11]金兆梓. 国文法之研究[M]. 北京：商务印书馆，1983.

[12]黎锦熙. 新著国语文法[M]. 北京：商务印书馆，2000.

[13]柳士镇. 魏晋南北朝历史语法[M]. 南京：南京大学出版社，1992.

[14]陆俭明，马真. 现代汉语虚词散论[M]. 北京：北京大学出版社，1985.

[15]吕叔湘，朱德熙. 语法修辞讲话[M]. 北京：中国青年出版社，1979.

[16]吕叔湘. 汉语语法分析问题[M]. 北京：商务印书馆，1979.

[17]吕叔湘. 现代汉语八百词[M]. 北京：商务印书馆，2004.

[18]吕叔湘. 中国文法要略[M]. 北京：商务印书馆，1982.

[19]马建忠. 马氏文通[M]. 北京：商务印书馆，1983.

[20]马清华. 语义的多维研究[M]. 北京：语文出版社，2006.

[21]裴学海. 古书虚字集释[M]. 北京：中华书局，1954.

[22]四川师范大学汉语研究所. 语言历史论丛（第一辑）[M]. 成都：巴蜀书社，2007.

[23]王力. 汉语史稿[M]. 北京：中华书局，2001.

[24]王引之. 经传释词[M]. 南京：江苏古籍出版社，2000.

[25]魏德胜.《睡虎地秦墓竹简》语法研究[M]. 北京：首都师范大学出版社，2000.

[26]魏兆惠. 两汉语法比较研究[M]. 北京：高等教育出版社，2011.

[27]魏兆惠. 上古汉语连动式研究[M]. 上海：上海三联书店，2008.

[28]席嘉. 近代汉语连词[M]. 北京：中国社会科学出版社，2010.

[29]向熹. 简明汉语史（下册）[M]. 北京：高等教育出版社，1993.

[30]邢福义. 汉语语法三百问[M]. 北京：商务印书馆，2004.

[31]徐正考.《论衡》同义词研究[M]. 北京：中国社会科学出版社，2004.

[32]许慎. 说文解字[M]. 北京：中华书局，2009.

[33]严修. 二十世纪的古汉语研究[M]. 太原：书海出版社，2001.

[34]杨伯峻，何乐士. 古汉语语法及其发展（上、下）[M]. 北京：语文出版社，1992.

[35]杨伯峻. 古汉语虚词[M]. 北京：中华书局，1981.

[36]杨逢彬. 沧海一粟——汉语史窥管集[M]. 上海：复旦大学出版社，2007.

[37]杨树达. 词诠[M]. 北京：中华书局，1954.

[38]杨树达. 高等国文法[M]. 北京：商务印书馆，1984.

[39]杨燕起,俞樟华.史记研究资料索引和论文专著提要[M].兰州大学出版社，1989.

[40]杨燕起.《史记》的学术成就[M].北京：北京师范大学出版社，1999.

[41]姚孝遂.殷墟甲骨刻辞摹释总集[M].北京：中华书局,1988.

[42]殷国光.《吕氏春秋》词类研究[M].北京：华夏出版社，1997.

[43]袁仁林.虚字说[M].北京：中华书局，1989.

[44]张大可.史记研究[M].北京：商务印书馆，2011.

[45]张玉金.古代汉语语法学[M].广州：广东高等教育出版社，2010.

[46]张玉金.甲骨文语法学[M].上海：学林出版社，2001.

[47]张玉金.西周汉语语法研究[M].北京：商务印书馆，2004.

[48]赵生群.《史记》文献学丛稿[M].南京：江苏古籍出版社，2001.

[49]赵元任.汉语口语语法[M].北京：商务印书馆，2001.

[50]中国社会科学院语言所古代汉语研究室.古代汉语虚词词典[M].北京：商务印书馆，1999.

[51]中国社会科学院语言研究所古代汉语研究室.古汉语研究论文集（二）[M].北京：北京出版社，1984.

[52]周刚.连词与相关问题[M].合肥：安徽教育出版社,2002.

[53]周守晋.出土战国文献语法研究[M].北京：北京大学出版社，2005.

[54]朱德熙.朱德熙文集（第四卷）[M].北京：商务印书馆，1999.

论文类：

[1]白钰.《荀子》连词的语法化初探[D].首都师范大学，2007.

[2]蔡福源."所以"探胜，兼及其他[J].杭州师院学报，1989

（7）.

[3]操观静. "所以"的过渡阶段[J]. 中国语文，1984（4）.

[4]曹炜. 近代汉语并列连词"并"的产生、发展及其消亡[J]. 语文研究，2003（4）.

[5]陈宝勤.《论语》中的"而后""而已""既而""然而"[J]. 电大语文. 1992（11）.

[6]陈宝勤. 试论"而后""而已""而况""而且""既而""俄而""然而"[J]. 沈阳大学学报（哲学社会科学版），1994（3）.

[7]陈宝勤. 先秦连词"而"语法语义考察[J]. 古汉语研究，1994（1）.

[8]陈经卫.《史记》"所"字研究[D]. 西南大学，2010.

[9]陈丽，马贝加. 汉语假设连词研究的回顾与展望[J]. 中南大学学报（社会科学版），2011（1）.

[10]陈丽，马贝加. 假设连词"使"的语法化动因[J]. 温州大学学报（社会科学版），2009（4）.

[11]陈年福. 甲骨金文连词"暨"用法试析[G]//刘重来，喻遂生. 传统文化与古籍整理研究. 重庆：西南师范大学出版社，1994.

[12]陈秀兰. 也谈连词"所以"产生的时代[J]. 古汉语研究，1998（3）.

[13]陈永正. 西周春秋铜器铭文中的联结词[G]//曾宪通. 古文字与汉语史论集. 广州：中山大学出版社，2002.

[14]陈月明.《马氏文通》虚字学说中的几个问题[G]//侯精一，施关淦.《马氏文通》与汉语语法学——《马氏文通》出版百年（1898—1998）纪念文集. 北京：商务印书馆，2000.

[15]程亚恒，陈慧. 连词"之所以"的有关问题[J]. 天中学刊，2007（6）.

[16]池昌海. 让步连词"即使"的语法化[J]. 江南大学学报（人文社会科学版），2008（2）.

[17]大西克也. 并列连词"及""与"在出土文献中的分布及上

古汉语方言语法[G]//郭锡良. 古汉语语法论集. 北京：语文出版社，1998.

[18]邓云华，石毓智. 从限止到转折的历程[J]. 语言教学与研究，2006（3）.

[19]董学军. 汉语词汇语法化原因探析[J]. 台州学院学报，2003，8（3）.

[20]杜道德. "若"字用法补遗及整理[J]. 南都学刊，1991，11（4）.

[21]段德森. 副词转化为连词浅说[J]. 古汉语研究，1991（1）.

[22]段茂升. 古汉语"如""若""然""焉""尔"语法化过程考察[D]. 西南师范大学，2005.

[23]樊虹.《史记》单音节反义词研究[D]. 湘潭大学，2011.

[24]范崇峰. 魏晋南北朝佛教文献连词研究[D]. 南京师范大学，2004.

[25]傅惠钧. 真性问与假性问：明清汉语选择问句的功能考察[J]. 语言教学与研究，2001（3）.

[26]高文盛，席嘉.《朱子语类》中的让步连词"虽"及相关问题[J]. 江南大学学报（人文社会科学版），2005（5）.

[27]郭锡良. 介词"以"的起源和发展[J]. 古汉语研究，1998（3）.

[28]郭志良. 汉语复句问题的思考[J]. 语言研究，2002（1）.

[29]韩国平. 略论因果连词"所以"的源和流[J]. 惠阳师专学报，1983（1）.

[30]韩红星.《左传》"况"字句考察[J]. 华南理工大学学报（社会科学版），2006（2）.

[31]韩美娜.《孟子》复音虚词研究[D]. 辽宁师范大学，2008.

[32]郝晓辑.《史记》成语研究[D]. 内蒙古大学，2011.

[33]何锋兵. 中古汉语假设复句及假设连词专题研究[D]. 南京师范大学，2005.

[34]何乐士.《史记》语法研究[G]//程湘清. 两汉汉语研究. 济南：山东教育出版社，1984.

[35]何乐士. 专书语法研究的回顾和展望[J]. 湖北大学学报，2001（6）.

[36]洪波. 论平行虚化[G]//四川大学汉语史研究所. 汉语史研究集刊（第二辑）. 成都：巴蜀书社，2000.

[37]洪诚. 王力《汉语史稿》语法部分商榷[J]. 中国语文，1964（3）.

[38]黄盛璋. 论划分连词的几个问题[J]. 中国语文，1959（9）.

[39]黄新强.《祖堂集》与《景德传灯录》选择连词比较[J]. 阜阳师范学院学报（社会科学版），2011（1）.

[40]贾崇柏. 论目的连词和目的复句的今昔[J]. 汉语学习，1984（3）.

[41]姜晓. 浅议《诗经》虚词"言"[J]. 海南大学学报，2003（3）.

[42]蒋宗许.《并列连词"与、及"用法辨析》质疑[J]. 中国语文，1990（2）.

[43]解惠全. 谈实词的虚化[G]//南开大学中文系《语言研究论丛》编委会. 语言研究论丛（四）. 天津：南开大学出版社，1987.

[44]景士俊. 递进句再探讨[J]. 内蒙古师大学报（哲学社会科学版），1991（4）.

[45]孔力雅. "如果"类假设关联词的多角度研究[D]. 湘潭大学，2007.

[46]蓝鹰. 从少数民族语言看"而"的虚化演变[J]. 古汉语研究，1990（1）.

[47]蓝鹰. 上古单音连词考原——从逻辑义类角度的考察[J]. 人大复印资料，1990（7）.

[48]黎路遐.《新书》虚词研究[D]. 安徽大学，2006.

[49]李爱红.《盐铁论》虚词研究[D]. 华东师范大学，2006.

[50]李杰群. "则"的本义探析[J]. 汉字文化，2000（2）.

[51]李杰群. 连词"则"的起源与发展[J]. 中国语文，2001（6）.

[52]李晋霞. 论话题标记"如果说"[J]. 汉语学习，2005（1）.

[53]李泉. 副词和副词的再分类[G]//胡明扬. 词类问题考察. 北京：北京语言学院出版社，1996.

[54]李思明. 从变文、元杂剧、《水浒》《红楼梦》看选择问句的发展[J]. 语言研究，1983（2）.

[55]李小军，唐小薇. "因而""从而"的词汇化[J]. 殷都学刊，2007（1）.

[56]李英哲，卢卓群. 汉语连词发展过程中的若干特点[J]. 湖北大学学报，1997（4）.

[57]李治军.《淮南子》联合式复音词研究[D]. 兰州大学，2011.

[58]连佳. 中古汉语假设复句关联词研究[D]. 山东大学，2006.

[59]梁欢. 汉语转折连词的历时考察[D]. 广西大学，2007.

[60]林海权. "……孰与……"的两种基本句式试析[J]. 福建师范大学学报（哲学社会科学版），1988（1）.

[61]凌瑜.《史记》篇章连接标记研究[D]. 浙江大学，2010.

[62]凌瑜. 让步连词演变及语法功能研究例说[D]. 浙江大学，2007.

[63]刘爱菊. 汉语并列连词与伴随介词共时纠葛的历时分化[J]. 南开语言学刊，2006（1）.

[64]刘冠群. 论先秦以"所以"为连词的因果叙述句[J]. 中国语文，1980（6）.

[65]刘冠群. 说"所以"[J]. 中国语文，1957（1）.

[66]刘冠群. 再说"所以"的上古用法——兼商榷"从汉语史的角度来鉴定中国古籍的写作年代"的可靠性[J]. 中国语文，1957（6）.

[67]刘红妮. "以期"的词汇化及相关问题——兼论"以V"的词汇化、共性与个性[J]. 语言科学，2009（1）.

[68]刘坚，曹广顺，吴福祥. 论诱发汉语词汇语法化的若干因

素[J]. 中国语文，1995（3）.

[69]刘坚. 试论"和"字的发展，附论"共"字和"连"字[J]. 中国语文，1989（6）.

[70]刘建录. 古汉语连词"而"的主要用法[J]. 语文学刊，1983（4）.

[71]刘金波."况"类连词功能差异及历时演变研究[D]. 江西师范大学，2011.

[72]刘瑞芳.《新序》介词研究[D]. 山东师范大学，2010.

[73]陆俭明，马真. 虚词研究浅论[G]//陆俭明，马真. 现代汉语虚词散论. 北京：北京大学出版社，1985.

[74]陆俭明. 汉语中表示主从关系的连词[G]//陆俭明，马真. 现代汉语虚词散论. 北京：北京大学出版社，1985.

[75]栾建珊.《荀子》连词研究[D]. 新疆大学，2006.

[76]马贝加."要"的语法化[D]. 语言研究，2002（4）.

[77]马兰花."为"作为连词的最早时代[J]. 古汉语研究，2003（3）.

[78]马清华. 并列连词的语法化轨迹及其普遍性[J]. 民族语文，2003（1）.

[79]毛志刚. 上古汉语因果连词研究[D]. 西南大学，2009.

[80]潘荣生. 连词"所以"产生于晋代[J]. 中国语文，1982（3）.

[81]潘志刚. 论敦煌变文中的"忽"类假设连词[J]. 敦煌研究，2011（1）.

[82]彭笠.《孟子》连词研究[D]. 首都师范大学，2008.

[83]彭小川. 连词"并"用法考察[J]. 暨南学报（人文科学与社会科学版），2004（1）.

[84]钱玄. 论古汉语虚词双音化[J]. 南京师范大学学报（社会科学版），1982（1）.

[85]钱宗武，汤莉莉. 论"尚书"连词的特点及其词性界定[J]. 徐州师范大学学报（哲学社会科学版），2003（4）.

[86]邱娟娟．连词"因此"产生的源和流[J]．贵州教育学院学报（社会科学版），2006（6）．

[87]饶贵平．古汉语"则"的语法化[J]．宜宾学院学报，2009（1）．

[88]任远．选择连词"其"[J]．浙江师范大学学报，2002（6）．

[89]沈迪．递进类关联词语研究[D]．东北师范大学，2007．

[90]沈家煊．"语法化"研究综观[J]．外语教学与研究，1994（4）．

[91]石毓智．判断词"是"构成连词的概念基础[J]．汉语学习，2005（5）．

[92]史冬青．先秦至魏晋时期方所介词的历时考察[D]．山东大学，2008．

[93]史有为．汉语连词的功能、界限和位置[J]．中央民族学院学报（语言文学增刊），1986（3）．

[94]宋金兰．汉藏语选择问句的历史演变及类型分布[J]．民族语文，1996（1）．

[95]宋绍年，李晓琪．"所以"再认识[G]//编委会．纪念王力先生九十诞辰文集．济南:山东教育出版社，1991．

[96]苏振华．《国语》递进复句及其关系词[J]．哈尔滨学院学报，2006（9）．

[97]孙朝奋．《虚化论》评介[J]．国外语言学，1994（4）．

[98]孙东宁．《史记》连词研究——以纪世家书表为例[D]．广西民族大学，2012．

[99]孙秀青．古汉语"故"的语法化探究[J]．科教文汇（上旬刊），2008（7）．

[100]汤勤．《史记》与《战国策》语言比较研究[D]．华中科技大学，2006．

[101]唐道雄．"至·于·至于"辨略[J]．湖南科技大学学报（社会科学版），1987（3）．

[102]田范芬. 连词"以及"的历史来源[J]. 古汉语研究，2004（1）.

[103]田俊杰.《史记》《汉书》虚词异文比较研究[D]. 内蒙古师范大学，2011.

[104]汪维辉."所以"完全变成连词的时代[J]. 古汉语研究，2002（2）.

[105]王枫. 试论指示代词"然"到连词"然"的虚化[J]. 内蒙古师范大学学报（哲学社会科学版），2009（3）.

[106]王慧兰."于是"的词汇化——兼谈连词词汇化过程中的代词并入现象[G]//沈家煊，吴福祥，李宗江. 语法化与语法研究（三）. 北京：商务印书馆，2007.

[107]王克仲. 先秦虚词"与"字的调查报告[G]//古汉语研究室. 古汉语研究论文集（二）. 北京：北京出版社，1984.

[108]王克仲. 意合法对假设义类词形成的作用[J]. 中国语文，1990（6）.

[109]王其和.《史记》同义连用研究[D]. 山东师范大学，2002.

[110]王淑华. 晚唐五代连词研究[D]. 山东大学，2009.

[111]王彤伟.《史记》同义常用词先秦两汉演变浅探[D]. 陕西师范大学，2004.

[112]王寅，严辰松. 语法化特征、动因和机制——认知语言学视野中的语法化研究[J]. 解放军外国语学院学报，2005（7）.

[113]王锳."所以+主谓"式已见于《黄帝内经》[J]. 中国语文，1993（3）.

[114]王志瑛.《论衡》中的"虽然"不是复合连词[J]. 汉字文化，1995（1）.

[115]王祖姝. 试论连词"于是"的承接方式及其作用[J]. 湖北大学学报，1999（3）.

[116]魏达纯."所以"在六本古籍中的演变考察[J]. 古汉语研究，1998（2）.

[117]魏培泉. 上古汉语到中古汉语语法的重要发展[C]. 第三届国际汉学会议，2000 年 6 月 29 日—7 月 1 日.

[118]魏兆惠. 周秦两汉连动式的发展变化[D]. 华中科技大学，2005.

[119]吴福祥. 汉语伴随介词语法化的类型学研究——兼论 SVO 型语言中伴随介词的两种演化模式[J]. 中国语文，2003（1）.

[120]吴丽君. 谈"所以"在因果句式中的流变[J]. 承德民族师专学报，1998（3）.

[121]吴云鹏.《史记》熟语研究[D]. 内蒙古大学，2010.

[122]吴兆吉. 所以[J]. 中国语文，1981（3）.

[123]席嘉. 衬托句式和相关连词的历时发展[J]. 长江学术，2010（3）.

[124]席嘉. 与副词"只"有关的几个连词的历时考察[J]. 武汉大学学报，2004（6）.

[125]向学春. 选择连词"其"与语气副词"其"[J]. 承德民族师专学报，2005（3）.

[126]谢晓明. 假设类复句关系词语连用情况考察[J]. 汉语学报，2010（2）.

[127]谢质彬. 从《论语》一书看上古汉语连词"而"的用法[J]. 河北大学学报，1980（2）.

[128]谢质彬. 关于古汉语中"然而"表顺接问题的讨论[J]. 中国语文，1994（3）.

[129]邢福义，姚双云. 连词"为此"论说[J]. 世界汉语教学，2007（2）.

[130]徐朝红. 从句法角度看连词"虽然"的产生[J]. 湖南师范大学社会科学学报，2010（3）.

[131]徐光烈. "因此"不只是个连词[J]. 重庆师院学报（哲学社会科学版），1985（3）.

[132]徐杰，张林林. 疑问程度和疑问句式[J]. 江西师范大学学

报，1985（2）.

[133]徐萧斧. 古汉语中的"与"和"及"[J]. 中国语文，1981（5）.

[134]徐阳春. 递进句式的语义、语用考察[J]. 浙江树人大学学报，2001（3）.

[135]徐正考，王冰. 两汉词汇语法史研究语料论述[J]. 南开语言学刊，2007（1）.

[136]徐正考. 清代汉语选择疑问句系统[J]. 吉林大学社会科学学报，1996（5）.

[137]薛凤生. 试论连词"而"字的语意与语法功能[J]. 语言研究，1991（1）.

[138]严慈. "所以"古今谈[J]. 海南大学学报，1994（2）.

[139]杨栋，曹书杰. 二十世纪《淮南子》研究[J]. 古籍整理研究学刊，2008（1）.

[140]杨逢彬. 关于殷墟甲骨刻辞中"于"的连词用法[G]//杨逢彬. 沧海一粟——汉语史窥管集. 上海：复旦大学出版社，2007.

[141]杨逢彬. 论殷墟甲骨刻辞中不存在连词"则"（作）——兼谈"我其祀宾作帝降若"等句的读法[G]//杨逢彬. 沧海一粟——汉语史窥管集. 上海：复旦大学出版社，2007.

[142]杨逢彬. 试论"暨"的词性[G]//杨逢彬. 沧海一粟——汉语史窥管集. 上海：复旦大学出版社，2007.

[143]杨逢彬. 殷墟甲骨刻辞中"以""比"非连词说[G]//杨逢彬. 沧海一粟——汉语史窥管集. 上海：复旦大学出版社，2007.

[144]杨尚贵. "则"字用法探微二则[J]. 语文研究，2003（2）.

[145]姚尧. "或"和"或者"的语法化[J]. 语言研究，2012（1）.

[146]殷国光.《吕氏春秋》同类词并列连用考察[J]. 古汉语研究，1997（1）.

[147]尹君.《论语》中"则"的使用情况[J]. 辽宁师专学报，2006（2）.

[148]于江. 近代汉语"和"类虚词的历史考察[J]. 中国语文，1996（6）.

[149]袁雪梅. 转折连词"然"和"然而"的形成[J]. 四川师范大学学报（社会科学版），2010（5）.

[150]臧克和. 释"若"[J]. 殷都学刊，1990（1）.

[151]曾晓洁. 隋前佛经中假设类复音连词调查[J]. 湖南第一师范学报，2004（3）.

[152]张宝林. 关联副词的范围及其与连词的区分[G]//胡明扬. 词类问题考察. 北京：北京语言学院出版社，1996.

[153]张国艳. 假设连词"节""即"使用情况研究——兼考《墨子·备城门》以下诸篇的成书时代[J]. 广西社会科学，2007（1）.

[154]张鹏. 古汉语"因"的语法化[J]. 遵义师范学院学报，2007（1）.

[155]张万起. 连词"所以"产生的时代[J]. 语文研究，1984（4）.

[156]张旺熹. 汉语介词衍生的语义机制[J]. 汉语学习，2004（1）.

[157]张莹. 近代汉语并列关系连词研究[D]. 山东大学，2010.

[158]张玉金. 卜辞中"暨"的用法[J]. 中国语文，1990（1）.

[159]张玉金. 甲骨金文中"其"字意义的研究[J]. 殷都学刊，2001（1）.

[160]赵长才. 中古汉语选择问句"为"的来源及演变过程[J]. 中国语文，2011（3）.

[161]赵琴.《淮南子》连词研究[D]. 苏州大学，2010.

[162]赵生群. 司马迁生年考辨[G]//赵生群.《史记》文献学丛稿. 南京：江苏古籍出版社，2001.

[163]赵运普. 说"于是"——兼谈顺承、因果复句的划界[J]. 新乡师范高等专科学校学报，2001（1）.

[164]赵振铎. 论先秦两汉汉语[J]. 古汉语研究，1994（3）.

[165]郑桦. 词义引申与实词语法化[J]. 宁夏大学学报（人文社会科学版），2005（1）.

[166]郑丽. "若"类让步连词的语法化及相关问题考察[J]. 中南大学学报（社会科学版），2010（4）.

[167]郑丽. 古汉语假设连词"使"的来源及虚化过程[J]. 南京林业大学学报（人文社会科学版），2008（2）.

[168]周静. 并列与递进的转换制约[J]. 殷都学刊，2003（2）.

[169]周生亚. 并列连词"与、及"用法辨析[J]. 中国语文，1989（2）.

[170]周滢照，陈丽. 假设连词"即"的产生和发展[J]. 宁夏大学学报（人文社会科学版），2011（4）.

[171]周有斌. 谈谈"要么"的语法化[J]. 阜阳师范学院学报（社会科学版），2011（6）.

[172]朱城. 试论转折连词"然"的形成[J]. 古汉语研究，2007（3）.

[173]朱声琦. "所以"作连词始于何时[J]. 语文学习，1983（12）.

[174]祝敏彻. 汉语选择问、正反问的历史发展[J]. 语言研究，1995（2）.

语料来源

[1]金启华. 诗经全译[M]. 南京：江苏古籍出版社，1996.

[2]梁启雄. 韩子浅解[M]. 北京：中华书局，1982.

[3]刘安等. 高诱注. 淮南子[M]. 上海：上海古籍出版社，1989.

[4]南唐静，筠禅僧. 张华点校. 祖堂集[M]. 郑州：中州古籍出版社，1998.

[5]司马迁. 裴骃集解. 司马贞索隐. 张守节正义. 史记[M]. 北京：中华书局，1982.

[6]孙晓春. 荀子译注[M]. 沈阳：辽宁民族出版社，1996.

[7]王重民等. 敦煌变文集[M]. 北京：人民文学出版社，1984.

[8]杨伯峻. 春秋左传注（修订本）[M]. 北京：中华书局，2000.

[9]杨树达. 论语疏证[M]. 上海：上海古籍出版社，1986.

后 记

本书是在我的博士论文基础上略作增删而成的。从 2012 年博士毕业至今，已是 4 年有余，早就想把关于连词系统探讨的内容整理出版，由于主客观的种种原因，这个念头直至今日才付诸实践。稍感欣慰的是，近年来陆续见到一些研究汉语连词的论文发表，有些问题已有了较好的研究。

坦率地说，自己这些年来科研上并未精进，也的确没有把太多精力放到汉语言文字研究上，现在想来真是愧对师长。即将问世的这本小书，虽在有些问题上还有值得商榷之处，但也算是自己多年心血所得，它的出版也是对自己科研上的一种肯定。

我之所以选择大学教师这个行业，并以汉语言文字研究作为自己的专业，是受到齐齐哈尔大学文史学院姜聿华老师的影响。姜老师严谨的学风、一丝不苟的治学态度，以及对学生真正的理解和关心都让我坚定地做出了这个选择，并且终生不悔。我的博士生导师徐正考先生和硕士生导师武振玉先生不仅在学术道路上为我指引方向，他们高贵的人格品质也深深影响着我，并让我从中获益良多。在此，我对三位先生表达我最诚挚的谢意！

感谢吉林省教育厅人文社科项目对此书出版给予的经费支持。

李艳

2017 年 5 月 10 日